琉球怪談作家、マジムン・パラダイスを行く

小原猛

ボーダー新書
014

はじめに　私が琉球怪談作家になったわけ

世の中はちょっとした怪談ブームである、と言われて久しい。一昔前、怪談本というのは、イロモノと同じ感じで扱われてきた。ようするに、芸能でも文学でもない、でっち上げ専門の三流ライターが飯の種のために書き飛ばす、本当ではないエンターテインメントの世界、とでもいった感じか。しかし最近では作家・京極夏彦さんの一連の活動や、東雅夫さんなどのようなアンソロジストが、怪談というものに新しい意味づけを行っている。特に東雅夫さんは、いにしえの怪談本を積極的に掘り返し、それを再評価しながらも、現代から過去にまたがるその歴史を新たに構築している（『なぜ怪談は百年ごとに流行るのか』学研新書　二〇一一など）。その結果現れてきたものは、怪談というものは日本独自の文化であり、芸能の一部であり、立派な文学であるという認識だ。これが現在の怪談文学の再評価であり、これから向かうべき場所への一つの指標となっている。

で、私自身のことであるが、どうして沖縄で怪談を書いているのか、または書かなければいけないのか、あるいは書かざるを得なくなってしまったのかと、いうことである。

私はもともと取材して記事を書くカメラマンの仕事をしており、最初に『琉球怪談　闇と癒しの百物語』という本をボーダーインクで発表したのは、二〇一一年のことである。このことについてはのちに詳しく書くので、ここでは「私が怪談を書く理由」について少し触れてみたいと思う。

沖縄は日本のなかでも、特に異質な文化のある場所である。伝統的なシャーマンであるユタが、ショッピングセンターで主婦に混じってピーマンやスイカを買っており、そのショッピングセンターがもしお墓を壊して建てられた場所ならば、その主婦が死者にかかいいいいいいいていておかしくなるという事態が普通に発生する。

もしその場でユタがピーマンを買っていたとすると、野菜を放り出してまで彼女らが駆けつけて「あんた、大丈夫ね、かかられたね」といいながら、その場でお祓いをはじめる。ところがそれを見るほかの買い物客たちは「ああ、かかられたんだね。大変だね」で、その場が丸く収まる世界なのである。

またこんな話もある。ある村のウタキ（御嶽。ムラの祈願をする聖域）に行った本土の修学旅行生が、気分が悪くなり救急車が呼ばれた。ところが駆けつけた救急車の隊員は、場所がウタキだと分かると、口々にこんな会話を始めた。

「場所がウタキなんだったら、俺たちが駆けつけてもあまり意味無いかもしれない。ユタさんを呼んだほうがいい」「まずいなあ。私はウタキに行くと、よくかかられるんで、いつも別の隊員に替わってもらっているよ」

私が、とある警察署の敷地に龍宮神のウガンジュ（拝所・御願所）があるので、取材に行ったときのこと。窓口で身分を名乗って、取材させて欲しいとの旨を伝えると、一人の制服警官が担当者なのか窓口に来られた。そこでウガンジュの話を聞かせてくださいというと、こんな会話になった。

「よかった。新聞に怖い話を書かれている方ですよね。誰か良いユタさんを紹介してください」

話を聞くと、警察署の地下の駐車場の配管が壊れて、そこから水が漏れるのである。それを工事しないといけないのだが、ちょうど配管の上に龍宮神のウガンジュがあり、それを一度壊してからでないと工事ができないという。ところが出入り業者は誰もそれを触りたくない。というので、しばらく水漏れが起きたまま、放置してあるという。一応警察の方に名刺を渡して、必要ならば紹介しますよ、と伝えたきり、返事はまだ無い。

こういうことは、日本本土ではあまり話を聞かない。

あるいは、民俗学者・赤嶺政信さんの書いた『シマの見る夢　おきなわ民俗学散歩』（ボーダーインク　一九九八）という本を読まれるといい。いかに沖縄という地が、民俗的にも精神的にも、本土が失ってしまった土俗の信仰と深く結びついているかが理解できる。

沖縄の信仰や口承文芸について文化研究の立場で書き残された学術本は沢山ある。ところが、民間伝承の中の怖い話、いわゆる怪談を集めた本は、異様なまでに少ないのである。過去に、言語・民俗学者の金城朝永が、柳田國男の要請にしたがって「琉球妖怪変化種目」という沖縄の妖怪についてまとめた資料（『金城朝永全集（下）民俗・歴史編』沖縄タイムス社一九七四）や、劇作家の石川文一の『琉球怪談選集』（一九七二）という琉球古典怪談もの、月刊沖縄社が出した『カラー　沖縄の怪談』（一九七三）など、いくつかあるくらいである。

しかし沖縄の人々は、日々の生活のなかで、神様にかかられた話や、マジムン（妖怪）に襲われた話をし、それらはとりたてて本にまとめられなくても、当たり前の事であった。

なので、私が『琉球怪談』を書いたときも、話のネタはすさまじい勢いで集まってきた。何冊か読んでいただいた読者の方はすでに承知かもしれないが、沖縄の怪談は本土の怪談と比べても、異質である。都市伝説系の話は少なくて、沖縄の伝承やユタ、ウタキ、そして沖縄戦といったものと結びついている話が多い。おそらくそれらをまとめて書き記す者がいなかっただけなのだ。私は偶然その場所にいて、それらを仕事として書き記すことができた。ただそれだけのことに過ぎない。

　この本の第一部「〝琉球怪談〟の裏ばなし」は、そんな取材する過程で起きたことをまとめてみた。中には私がかかられた話も載っている。化け物の出る家にも住んだし、聖なる山に登って消えてしまうカラスも見た。ユタさんと一緒に旧日本兵の幽霊をお祓いにも行った。本土ではすでに絶えてしまった自然の細部に宿る神々や、マジムンや、ユーリー（幽霊）などが、このシマにはまだまだ沢山いる。第二部「マジムン・パラダイス考」では、日頃から特に気になっていたマジムンの伝承を具体的に考察、妄想してみた。怪談イラストでお世話になっている三木《ミキ》静《シズ》画伯が若狭公民館の「広報わかさ」掲載していた四コママンガ「ミミチリボーイくん」も、おもしろいので特別に一部収録させてもらった。

　では、最後に知り合いのユタでこの本にも何回も登場するKさんの言葉を紹介しよう。

「神様は心の中にいる、とかよく言うけど、何かねー、あれって綺麗ごとさぁね。神様は二丁目の角を曲がったところのウタキにいつもいらっしゃる。話したければ、行くといいさ。心の中でぶつぶつ話しかけるだけでは、もったいないよ」

　だそうである。一度皆さんもお試しあれ。

目次

第二部 マジムン・パラダイス考

第一部

〝琉球怪談〟の裏ばなし

浜比嘉島　シルミチューに置かれた石（64 頁参照）

バタフライはフリー

一度、こんなことがあった。

西原町の小波津あたりを取材していたときのことである。確か、タンバラ按司《あじ》墓の近くだったと思うのだが、定かではない。私は住宅地の中をうろうろしながら、山地へ向かってバイクを走らせていた。

少し丘になった場所に停めて、iPhoneで地図を確かめていたときのこと。なんだか、凄く良い匂いが漂ってきた。ヤコウボクか、ジャスミンか、何かそんな感じの素敵な香りだった。と、目の前を、数匹の青い蝶がひらひらと山道を上がっていくのが見えた。

匂いはそちらから漂ってくる。私は、ぼうっとしながら蝶の後をついていった。

そこから山道は狭くなり、両側を林で囲まれた獣道のようになった。登って行くにつれて、蝶の数は増えていった。私は虫には詳しくないので、何の種類かは分からなかったが、尋常じゃないくらいの蝶である。蝶の楽園があるに違いない。きっと美しいお花畑か、その蝶が大好きな花でもあるのだろう。少しワクワクしながら私は登って行った。

と、いきなり右側の獣道から石垣が見えてきた。蝶はそこに吸い込まれていく。何十匹いるのかわからない。蝶の羽にもし楽器が付いているならば、天国のメロディが鳴り響いているに違いないくらい、沢山の蝶が舞っていた。私は石垣の入り口を通った。

と、すぐに私は固まってしまった。

沖縄の亀甲墓だった。しかも凄くでかくて、古い。

苔の生えた石の前には、端から端まで、真新しい花束が、ずらっと並べられていた。人は誰もおらず、異常なほどの数の蝶だけが、花束の上でひらひらと瞬いていた。

「うわっ!」

私は思わず声を上げてしまった。

その声を聞いた蝶たちは、一斉に花束から飛び立ち、墓場の敷地の中を狂ったように乱舞していた。

古い墓に、ついさきほど納骨があったに違いない。

花束はユリやバラなど、いろんな花が混じっていた。普段は嗅いだことのないくらい、強烈な花の匂いが漂っていた。

私は急いでそこから離れて、バイクに戻った。

なんだか、場違いな世界に迷い込んだ気分だった。別に幽霊に会ったわけでも、怪奇現象に遭遇したわけでもないのだが、妙に背筋がぞくっとした。あの花束の列と蝶の大群は忘れられない。

私が録音機材を使わない理由

私はいろんな人に話を聞きに行くのが好きだ。最初の頃は、よくICレコーダーというものを持ち歩いていた。カセットテープがいらず、手軽に持ち歩ける。子ども新聞に怖い話を連載しているせいで、向こうから話を聞いてくれと声がかかる。でも最近では、ノートにメモする程度で、録音機材はまったく使わないことにした。

それはこんなことがあったからだ。

以前、南風原でとあるオバアから戦争中の話を聞かせてもらっていた。場所は某公民館。静かな午前中で、クーラーのよく効いた涼しい部屋だった。

「それで、空がよ、地獄みたいに真っ黒くなって、砲弾の雨が降り注いだんですよ」

「なるほど」

「私はもう、兄の手を握って、必死で戦場を走り回ったんです。でも朝なのに、夜みたいに暗い。周囲は死体だらけで、もう死ぬかと何度も覚悟を決めたものです」

「そうですよね」

「だから、こうやって生きているのは、奇跡に近いですよ」

オバアからそんな話を聞いて、私は家に帰って、ＩＣレコーダーのデータをパソコンに移した。

そして夜中、家族の寝静まった頃に、一人でパソコンを立ち上げて、昼間録音したものを文字に起こそうと、ヘッドホンをしながら聞き始めた。

すると、しばらく聞いていくと、おかしな音が混じっているのに気がついた。

男性の声である。

部屋には私とオバアしかいなかったはずなのに、なぜか相槌をうつかのように、野太い男性の声のようなものが、途中から入っている。

「それで、空がよ、地獄みたいに真っ黒くなって、砲弾の雨が降り注いだんですよ」

ほーうほう。

「なるほど」

あー、うー、ふふん。

「私はもう、兄の手を握って、必死で戦場を走り回ったんです」

あー、ふふーん。

「でも朝なのに、夜みたいに暗い。周囲は死体だらけで、もう死ぬかと何度も覚悟を決めたものです」

ふーんふーん。

「そうですよね」

あー、うゎー。

「だから、こうやって生きているのは、奇跡に近いですよ」

ふーんふーん。

ずっとこんな調子で、ちょうど言葉と言葉の切れ目の間に、相槌のように男性の声が延々と録音されていたのだ。私はすぐさま再生を停止させ、私とオバア以外の第三者の声が入る可能性を考えてみた。閉め切った静かな部屋の中である。入るわけもなかった。

と、ヘッドホンを外すと、部屋の中がなんだか騒がしい気がした。

そこで気分を変えて、二四時間営業のファミレスに行き、記憶を頼りに原稿を書いた。

今でも私の机の中にはその時のICレコーダーがあるが、それ以来ほとんど使っていない。一度、雑誌『幽』のために、沖縄に関する様々な著作を持つ福地曠昭さんへインタビューしたときに使ったことがある。福地さんの書いた『沖縄の幽霊―沖縄の幽霊百景＋20話』（那覇出版社 二〇〇〇）は、沖縄の怪談本というジャンルの先駆的な一冊であり、この本なくしては、現在の沖縄怪談ブームなど、望むべくもない存在である。

とにかくその時は国際通りの裏にあるラーメン屋でインタビューを行ったが、女性の声らしき叫び声が何か所かに入っていた。店内には抑えた音量でレゲエが流れていたので、そのせいだと思っている。

きっと、そういうものだ。

怪談編集者に、黒魔術の原稿を送ってみた

二〇一一年に、ボーダーインクより『琉球怪談』という本を出したとき、こんなことがあった。

私がどういういきさつでこの本を書くことになったかといえば、それより数年前、東京の某出版社より、怪談本を出す企画があった。それは仮題で「南方怪談」といい、南のほうの怖い話を重点的に収録する、ということであった。私は当時沖縄に住んでいたせいで、沖縄の怖い話とフィリピン、韓国などの話を集め、編集者に送った。沖縄の怖い話の中には、自身が体験した話や、知り合いが体験した話など、二〇篇あまりが含まれていた。編集者からは「のちほど連絡します」という返事が来たきり、音沙汰なしだった。

そして三か月後のある日、知り合いのライターからこんなメールをもらった。

「小原さん、〇〇出版って倒産したの知ってます？」

寝耳に水だった。せっかく原稿送ったのに、会社すらもう存在しなかったのだ。なんて

こった。まさに原稿のワンウェイ、一方通行である。これはよくない。すぐさま編集者にメールを書いたが、なしのつぶて。行方さえ分からない。

でも、こんなことは出版業界ではしょっちゅうあるのだ。気を取り直して前に進むほかはない。そんな折、知り合いの編集者であるボーダーインクの新城和博さんとあるパーティーで会って、こんな話になった。

「小原さん、沖縄の実話系の怪談だけを集めた、県産怪談本を作りたいんですよ」と新城さんが言った。

「ああ、なるほど。それは中山市朗さんと木原浩勝さんが書かれた『新耳袋』シリーズのような感じのものですか」

「そう、小原さん、まさしくその通り！ 沖縄にはいろんな怪異が存在しているけど、それだけをまとめた本というのは、非常に少ない。それをやりませんか？」

そこで家に帰った私は、某出版社の「南方怪談」のために準備した原稿を少し整理して、新城さんに送った。新城さんはそれを気に入ってくれて、すぐさま企画がスタートした。まさに、捨てる神あれば拾う神あり。話がスタートしたのが、二〇一〇年の八月ぐらい。そして書き上げたのは一か月後の九月だった。一〇月には表紙の打ち合わせなども行っている。

その時は、まだ怪談についていてはいないので、話が向こうからやってくるということは少なかった（後の新聞連載は「琉球怪談」ムーブメントというものを起こすべく、新城さんが新聞社に持ちかけたものだった。彼は当時なにかに憑かれたように怪談に夢中だった）。とりあえず、友人知人から話を聞きまくり、そのまた知人の、そのまた知人、という風に、奇妙な話、怖い話、不思議な話を知っていそうな人に、片っ端から取材をかけていった。もちろん断る人も多かった。特に家がユタの家系だったりした場合は、「話したのが知られたらオバアに怒られる」というものもあった。

とある会社の女社長さんなどは、昔住んでいた家にカエル人間が現れた話をしてくださったり、長年経理マンとして某会社に勤めていたNさんは、自分の会社にいた大城部長という幽霊について、事細かに話を聞かせてくださった。

余談だが、この大城部長の話は、『琉球怪談』に収録されて、その本が首里の古本屋さん、おきなわ堂にも並んだ。沖縄では、古本屋であっても、県産本の新刊書は棚に並ぶのである。そこで店主の金城さんに聞いた話では、一人で『琉球怪談』を三冊買ってくれたおばさんがいたそうである。

「なんね、この本、私の知り合いの小原さんっていう人が書いたんだけど、どうして三冊も？」と金城さんが聞いた。

するとそのおばさんはこう答えた。

「あのよ、この本に、私の知り合いの話が載っているからさ。大城さんっていう部長、よく知っているわけよ。当時の同僚にもあげようと思ってさ」

これは本当の話である。興味がある方は、拙著をご参照いただきたい。

とりあえず、そんな感じで取材がスタートした『琉球怪談』であるが、次の年の一月には無事書店に並んだ。

そこでよく聞かれることがある。書いている間、何か変なことは起こりませんでしたか？　やはり怪談本なのだから、怖い場所には怖いものが集まるっていうじゃありませんか。書けない話を書いてしまったら祟《たた》られるとか、そういうことはなかったんですか、と。

読者が、なにやら怪しげなことが作者の身に起こっているに違いないと思うのは、よく分かる。怪談とか妖怪のことを書いている作家が、ヘルシーなライフスタイルを送っていて、ライザップにも通ってマッチョマンで、ベジタリアンで幸せいっぱいだと困るのだろう。病気持ちで、どこか黒いものを引きずっていそうで、死にかけているくらいがちょうど良いのかもしれない。ああ、やっぱり怪談作家は怪談作家なのだな。パソコンのデータが何度となく消え、家の中ではラップ音が鳴りっぱなし、私生活では悲しい出来事が毎週のように起こる。当然、小原さんも、祟られたり、書けない話を書いて事故にあったりしましたよね、ね？

そんなことを、よく聞かれた。というか、毎回聞かれた。最初のうちは。

で、本当のところはどうであったかといえば、一度だけ、おかしなことがあったのである。

北谷町に住む、とある牧師さんを取材した話があった。それは「黒魔術に関する話」と題されて、結構な分量になった。内容は、アメリカ軍人と結婚したうちなーんちゅの奥さんが、旦那が入会したと思われる黒魔術の反キリスト教団体のせいで、怪異現象に見舞われることになる、という話であった。

これを書いて送ったと思ったら、新城さんからこんなメールが来た。

「小原さん、黒魔術の話、空白でした。新城」

まさかよ。

私は原稿をもう一度確認して、新城さんに送った。やはり、中には何も書かれていなかったと返信があった。

仕方ないので、USBメモリに入れて、直接ボーダーインクに持っていった。それで一応、収録することになったのであるが、結局、最後の最後に「内容が少しそぐわない」という理由で、ボツにすることとなった。

長年書く仕事をしているが、原稿がメールで送ることが出来なかったのは、これが最初で最後である（はず）。『琉球怪談』のほかの原稿は、難なく送ることも出来たし、新城さんも別段異常なく開くことができた。だから、この原稿はずっと私のパソコンの中で、今か今かと息を潜めていた。しかしいつしか声が聞こえてくるようになるのである。早く出してくれ。誰かに読まれたい。どこかに発表してくれと。

この話はトーク・ライブなどでは話したことはあったが、ずっと紙媒体では発表されていなかった。だが東京のTOブックスさんが、『沖縄の怖い話』という本を出してくれることが決まったときに、私はそっと、誰にも気づかれないほどの、ふんわりした羽の落下速度のようなさりげなさで、この「黒魔術に関する話」を原稿の中にまぎれこませて、送ってみた。

果たしてTOブックスの編集者のもとに、無事にこの原稿は届けられて、それは現在TO文庫より発売されている『沖縄の怖い話　壱／メーヌカーの祟り』の中に無事収録されている。もしかしたら時間が解決したのかもしれないし、単なる偶然でファイルが壊れただけだったのかもしれない。

まあ、そんなこんなで出版された『琉球怪談』であるが、そのために著者が呪われたとか、不治の病に冒されたとか、そんな話は今のところ、まだ、ない。『七つ橋を渡って』『不思議な子どもたち』『おきなわ妖怪さんぽ』と、ボーダーインク刊行の「琉球怪談」シリーズは続いた。

ただ担当のマジムン編集者の新城さんに限っては、夜眠れなくて、うなされているそうなので、それはそれで、気をつけて欲しいなと、老婆心ながら思う次第である（単に本の売れ行きが気になっているだけかもしれないのだが、それはそれで怖い話だ）。

ハナモーの岬でハナモーと叫ぶ

『琉球妖怪大図鑑』（小原猛著　絵・三木静　琉球新報社　二〇一五）という本の取材のために、

糸満市に足しげく通った時期がある。

沖縄本島の地図でいうと、向かって左側の下、つまり南部にあるのが糸満市である。そこにある喜屋武《きゃん》岬目指して、舗装されていない道を車でひた走るのである。よく「沖縄本島最南端の岬」だといわれるが、実際はもう少し東にある荒崎が最南端である。が、それはひとまず置いておこう。沖縄戦当時は激戦地で、この岬はアメリカ軍からは「バンザイ・クリフ」と呼ばれた。追いつめられた沖縄住民や日本軍兵士がバンザイを叫びながら断崖から飛び降り玉砕していったという岬である。なので、やはりそういう場所は現代の心霊スポットとして語られることが多くなる。また実際飛び降り自殺も多い場所である。「飛び降り自殺のメッカ」と一時は呼ばれていたが、自殺防止のプレートが設置されたり、パトロールが強化されたので、最近は減りつつあると聞く。

しかし人間の心理なのだろうか。沖縄戦での「バンザイ・クリフ」、そして現代においては「飛び降り自殺のメッカ」などというレッテルを貼られた場所を、人はやはり「何かある」と感じるようである。そして、そういった場所には、もっと過去に遡ると、何かあったりするのだろうか？

それが、あるんだな、これが。「喜屋武岬のハナモー」伝説である。こんな話だ。

喜屋武岬から少し離れたムラの娘が、結婚を間近に控えて、自分の着物を縫っていた。

「これを着たら、私は幸せになれる」

きっと彼女は心から幸福だったに違いない。心ここにあらず。布をよく切れる鋏で裁断していると、アッと一瞬、手が滑ってしまった。ゾリッ！　なんと、彼女は手を滑らせてしまったせいで、自分の鼻を剃り落してしまったのである。

ウギャーッ！

泣き叫んでも、後のまつりだった。一度剃り落としてしまった鼻は、二度とくっつくことはない。結婚式を控えた娘が、自分自身の手によって傷物になってしまった。周囲のものは彼女を蔑み、軽率さを責める意味を込めて「ハナモー！（鼻なし！）」と呼んだ。

彼女は失意のあまり、喜屋武岬から身投げしてしまった。

それ以来、岬の突端で「ハナモー！」と叫ぶと、その人は呪われたり、大波が起こってさらわれてしまうという。

まあ突っ込みどころ満載の話であるのだが、ゆっくりと見ていこう。

疑問その一。自分で着物を裁断しながら、果たして自分の鼻を剃り落とすことができるのだろうか？　「どうやったら、そんなことができるの？」。彼女はもしかして、ウキウキしすぎていたおかげで、顔の前にある鋭利な刃物に気づかず、たとえばその瞬間、大きなくしゃみをしたとか、ペットの猫が飛び掛かってきたとか、背後からフィアンセの男性に「ワッ！」と驚かされたりとかしたのだろうか。もしそんなことがあったとしても、顔に傷くらいはつくだろうが、鼻が剃り落とされるという事態にはならない。どう考えても実行不可能なミッションである。

疑問その二。喜屋武岬で「ハナモー！」と叫ぶと、大波が来てさらわれるというが、その場所は高さ二〇メートル近くもある断崖である。二〇メートルの大波は、大津波である。もしそんなのがしょっちゅう来ていたら、この地区は壊滅している。

しかしながら、伝承には「大波にさらわれる」以外に、「呪われる」というものがある。これは大波にさらわれるよりも現実味がある。呪われて病気になったり、交通事故にあったり、何か不運が舞い込むのではないかと考えるほうが、現代社会の中においては、優位性を持つだろう。何も信じていないという人でも、わざわざ「ここで何かすると呪われる」みたいな場所でそれをやったりするのは、あまりよろしくないことだと理解ぐらいしている。事実、沖縄の人でこの話を知っているものは、決して喜屋武岬の突端に行って、心の底から「ハナモー！」と叫んだりしない。

だが、私は二人だけ、この岬で「ハナモー！」と叫んだ人たちを知っている。一人は又聞きであるが、拙著『琉球妖怪大図鑑（上）』所収の「喜屋武岬のハナモー」に書いたエピソードである。少し引用する。

次に紹介するのは、筆者が実際に聞いた話である。

終戦後、那覇に住んでいた大城さんという男性が、本土から兵隊としてやってきていた男性と友達になった。

ある日、喜屋武岬にハナモーという妖怪がいるという話をしたところ、「自分はそんなものは信じない」と男性がいった。そして大城さんに、今すぐその場所に連れて行けという。

大城さんは止めてもきかないと思い、車で喜屋武岬まで男性を連れて行った。

すると男性は海に向かって「ハナモー！」と十数回連呼した。

「何も起こらないじゃないか」男性はそういって、二人はそのまま那覇に戻った。

それから一週間は何も起こらなかったのだが、その男性はある日釣りをしていて突然に高波にさらわれ、あっけなく死んでしまったという。

新聞に連載している頃に、読者の方から教えてもらったお話である。確かに、喜屋武岬で波にさらわれるには、大震災が起こらないと難しい。それよりも、防波堤などで釣りをしている時に波にさらわれるのは、日常的に起こりうることである。恐怖のレベルが一段階下がったというか、シフトダウンしながら殺しに来やがったなという感じである。これは取材していて怖かった。

もう一人は、私の友人Tである。Tは那覇出身のうちなーんちゅで、サーダカーと呼ばれる、霊感のある男である。

Tと一緒に喜屋武岬に行った際に、ハナモーの話になった。Tは日ごろからビッグマウスなところがあり、格好つけてこう言ったのだった。

「あのよ、俺はハナモーなんて怖くないぜ。怖いのはよ、ここに吹き溜まりみたいにいる戦死者の霊やっさぁ。ハナモーは、いなあい。そんなもの、いなあい。だからいくらでも叫べるぜ」

そして岬の柵のところで、絶叫したのである。

「ハナモー！　ハナモー！　ハナモー！　ハナモー！」

岬には、波が砕ける音しかしない。

「なー、だからさぁ」と勝ち誇ったように、Tは言った。

そして帰る途中、Tが運転したのだが、喜屋武岬から五分くらい走ったところで、車を脱輪させ、レッカーを呼ぶ羽目になった。

私は、たまたま、偶然だと思った。Tも疲れていたし、あまり走らない道である。何か影響があったのなら、きっとハナモーではなく、日本兵の霊とか、そっちだと思っていた。

ところが、サーダカーのTはこんなことを言ったのである。

「もう俺は喜屋武岬には行かない。二度と行かない」

「どうした？　戦死者の霊に足でも引っ張られたか？」と私は聞いた。

「違う違う。ハナモーさぁ。岬にいる時から見えていたけど、無視していた」

「ハナモーって、どんなよ」

「巨大な白い女」

それ以上彼は話してくれなかった。私にはまったく見えなかったし、感じられなかった。分かるのは、ビッグマウスの友人が、静かにおびえていることだけだった。

Tはその後、本当に喜屋武岬には行っていないという。先ほど電話で聞いて確かめた。

Tが見たハナモーの話はひとまず置いといて、本当はどうだったのか、ありそうな可能性を考えてみよう。結婚間際の娘の鼻がそげる、あるいはもげる、あるいは剃り落とされるという原因は何が考えられるか？

娘は結婚を間際に控えていた。ところが、そのフィアンセがどこかの遊郭で遊んできて、たとえば梅毒などの性病をうつされたとしたらどうだろう。この時代、鼻がもげる可能性が一番高いのは、実は梅毒なのである。性交渉で感染する病気で、現在のように治療法が確立されていなかった昔は、結構な患者数がいた。微熱や湿疹などの症状ののち、腫瘍ができたり、最終的には鼻がくさって落ちて行く。江戸時代の日本でも大流行し、付け鼻が飛ぶように売れていたという記録がある。とすれば、結婚前のフィアンセから梅毒をうつされた娘が、その病気が進行してしまい、そのせいで鼻を失い、失意のあまり喜屋武岬から身投げした……こう考えるのはどうだろうか。これが本筋のような気がする。鼻を失った女が実際にいたに違いない。

この説で行くと、巷で流れているハナモーの伝説は、梅毒というところだけが抜けているのであって、それはもしかしたら身投げした娘への、せめてもの優しさで、後世の人たちが置き換えたのかもしれない。

そしてきっと、マジムンとなったハナモーは、今もそこにいるのである。岬のどこかに。ただ喜屋武岬が自殺の名所なのは、ハナモーが原因なのか、それとも戦死者たちの恨みが呼ぶのか。どちらかというと、後者のような気がする。

この岬に何百年も昔からハナモーが存在しているとすれば、長の年月、一体どんなことを見てきたのだろうか。あの無意味な戦争で身投げする人たちを見て、どう思ったのだろう。鉄の暴風に消え去った魂たちを見て……。

そんなことを考えながら喜屋武岬に立つと、吹きすさぶ風の音がなんだか悲しく聞こえるのだ。

びゅうびゅう、びゅびゅびゅびゅう。

歴史も悲しみも風にまぎれて、どこかに飛んでいくのだろうか。

Tが見たという巨大な白い女も、何もこたえてくれないだろう。

喜屋武岬からの眺め。断崖絶壁である

喜屋武岬にある平和の碑

赤を嫌うギーザ

その喜屋武岬よりも東に、ギーザバンタと呼ばれている崖がある。サザンリンクスゴルフ場のすぐ近くである。漢字で書くと慶座バンタとなるのだが、古い歴史書などを見ると、銀河バンタと書かれているものもある。ちなみにバンタとは崖のことである。ここにある伝承は、前述の喜屋武岬のハナモーと細部が似ているので、共通点を探しながら読んでいただきたい。

具志頭村（現八重瀬町具志頭）の海沿いに、ギーザバンタと呼ばれる崖があった。水が湧く場所として知られ、水神様のおられる場所として有名であった。ところがこの水神様は、赤いものを何でも忌み嫌った。なので、生理中の女性は、ここには立ち入らぬようにと言われていた。

ある年のこと。隣村の富盛集落の友利という男性と真境名という主婦が、恩戸《うみとぅ》という召使を連れてギーザバンタにやってきた。恩戸は生理中で出血していたが、ついそのことを忘れて、ギーザバンタの水で血の付いた裾を洗ってしまった。

しばらくすると海の彼方から怒涛が押し寄せ、三人を大波がさらった。具志頭村の安里に住む宮城という男が、崖の上からこの有様を見ていて、すぐさま馬をつなぐ縄を腰に結び、先端を投げて三人を助けようとした。さいわい友利だけは助けることは出来たが、二人の女性はそのまま波にのまれて消えてしまった。それ以来、ここを参拝に来るものは、赤い着物、赤い手ぬぐい、赤い箸……赤いものはご法度となっている。

これは首里王府が一八世紀にまとめた歴史書『球陽《きゅうよう》』に実際に書いてある話だ。王府がまとめただけあって、集落とか人の名前が、実に具体的に記してある。さて、おわかりいただけたであろうか？ 共通点として挙げられるのは、崖、女性、血、大波である。

ハナモーの娘（女性）も、鼻を剃り落とし（血）、崖から身を投げ、馬鹿にするものは大波にさらわれている。

そしてこのギーザバンタも、戦時中は身投げして玉砕する人が多く、米軍からは「スーサイド・クリフ（自殺の崖）」と呼ばれていた。

このなかの、生理中の血というキーワードは、民俗学の資料を読み込んでいるとよく現れてくる。沖縄の聖地を管理しているのは、古来女性が中心であった。であるが、女性の月のものは忌み嫌われ、ウタキの敷地に入ってはいけないと、いろんなところでそういうルールがあったようだ。これを月の満ち欠けと信仰、バイオリズムに関係しているとする説があるけれど、難しい説なのでここでは触れない。ただ私の疑問としては、なぜ赤が嫌らわれているのか、ということである。それは単に月経の血が汚れたものとして神様は忌み嫌うのか、あるいはもっと別の理由があるからなのか。考えてもあまり具体的な理由は思い浮かばない。

先述の「ハナモー」と叫んだTと、この場所に行ったときの話を思い出す。

私がTにギーザバンタでの伝承を説明すると、彼はこう言い放ったのである。

「神様って、ちっちぇーなあ。そんなことどうでもいいじゃん」

帰り道の岩場を歩いているとき、彼はこけて腕をすりむいた。

ほらみろ。神様を馬鹿にするからだ。内心ほくそ笑みながら、私は岩場を登った。

神様には神様のルールがあるのだ。そこは触っちゃいけないところだ。それがその土地の神様を信仰している現地の人々および神様に対しての礼儀だと思うのだ。

家に幽霊が出た話

以前住んでいた家の話をしよう。場所とか時期は、いろんな大人の事情があるので、詳しくは書かない。

その家は三階建てのアパートで、合計六世帯が暮らしていた。私は三階の端っこの部屋に住んでいた。間取りは、玄関を入ると、左側にトイレ／シャワー共同のバスルーム、入ってすぐにリビング、奥に四畳半の部屋が二つあった。引っ越してしばらく経ったある日のこと。夜眠っていると、妙な気配がした。

夢を見ているのに、私は自分の部屋で眠っていて、玄関に足を向けて布団に入っていた。まったく現実そのままであったが、するといきなり、バスルームの電気がパッとついて、誰かがトイレの水をジャーッと流す音が聞こえた。びっくりして夢から覚めた。

布団から半身を起こすと、なんと、バスルームの電気がついている。急いで向かってみると、タンクの水も流された形跡があった。おいおい、これは一体何だよ。誰かが入ってきたのかと鍵を確認したが、鍵もチェーンもかけられたままである。もしかして自分で夜中にトイレに起きて、そのまま眠ったが、急に夢を見て起きたのかもしれない。そんな風に現実的な屁理屈をうだうだと考えながら、その夜は過ごした。

ところが次の日も、二、三日空けて別の日も、また同じ夢を見た。そして一週間後に見た夢は、少し様子が変だった。

夢の中で寝ている私は、バスルームから、変なズズズズズという何かを引きずる音で目が覚めた。首だけ動かして、バスルームを見る。電気がついており、ドアがゆっくりと開いた。次の瞬間、何とも形容しがたいものが、中から渦を巻いて現れた。黒い棒に、女性の長い髪の毛をグルグルと巻いたようなものが、轟音を上げて回転しながら、バスルームからこちらに迫ってきた。リビングを抜けて、四畳半の部屋にそれが侵入してくるところで、現実に目が覚めた。

起き上がった私は、びっしょりと汗をかいていた。冗談じゃない。何だこれは。

次の日から、夜眠る前にはバスルームの電球を外して眠ることにした。だが何度か、夢の中に回転する黒いものは現れて、私の上に迫ってきた。

あかん。私の部屋には何かいる。

そこで数人の知り合いに聞いてみることにした。ただの知り合いではなく、要するにユタさんやスピリチュアル・カウンセラーさんなど、そういった知り合い全般にである。まあそんな家に住むことになったのも何かの縁、取材だと割り切って、聞いてみた。

最初に聞いたのは、本土出身のスピリチュアル・カウンセラーの女性。その女性はこんな風に電話で答えてくれた。

「うーん、たぶんそこには何かいると思う。このままでは小原さん、どんどんエネルギーを吸われちゃうから、早めに、どうにかしたほうがいいとは思う。本格的にやるんだったら、小原さんだったら二万円でいい。他の人だったら七万円ぐらいかかるけど……うん」

当時はあまりお金もなかったので、これは辞退することにした。あまり言いたくないのだが、この人は周囲の人をわざと自分に頼らせる状況を作ったり、ひっぱる傾向が強い人だなと感じた。なので、力はあるのだろうけど、よく分からない、というのが私の感想であった。

もう一人、ユタのKさんに電話をした。あいにく、Kさんは腰痛で動けないとのことなので、娘の明子さんが二人の子どもを連れて家まで来てくれた。明子さんも母親に似て、いろんなことが視える女性である。

「小原さん、あのね、これは二つあると思う」と彼女は言った。「一つは土地のもの。私が見た限りでは、井戸とか水に関係すること。あとは母さんが行く前に言ってたんだけど、隣に住んでいる人の関係なのかな、そんなのが絡みあっているって」

ああ、そんな感じがした。悪い予感が的中してしまった。

実は私の部屋の横にもう一部屋あるのだが、そこに住んでいる三〇代女性の元彼氏は、さんざん彼女にストーカー行為を働いたあげく、一方的に燃え尽きてしまい、自殺してしまったという。それが原因かどうか分からないが、彼女のバイクにはビニール袋に入れた塩があからさまにぶらさげてあったり、部屋の表札のところにも梵字のお札があったり、廊下のつきあたりに置かれている洗濯機にも、塩のビニール袋が一〇個ほどぶら下げてあった。

でも元彼氏が自殺したのは私が当時住んでいる部屋ではなくて、離れた彼のマンションだと聞いた。なのでどうしてそれが関係しているのか、分からなかった。

すると明子さんは、私のそんな疑問を察してか、こんなことを言った。

「小原さん、悪いけど、ここにいるよ」

彼女はバスルームの壁を指差してこう言った。壁の向こう側は、すぐ隣の部屋である。

「誰が？」

「男の人。首吊った人」

「なんでまた？」

「彼女の部屋にはいろんな結界があって入れないみたい。だからここでじっと彼女の様子をうかがっているみたいよ」

おいおい、一体私の部屋に何の用があるのだ。ここでじっと向こうをむいて男性が立ち尽くしているだって？　夜中にトイレに行けないじゃないか。

「祓えます？」と私は聞いた。

「やってみるね」そういって明子さんは私の飲みかけの泡盛をバスルームにコップでかけてから、その場に正座して祈り始めた。

約一〇分くらい、彼女はお祓いをしてくれたのだが、結論はこうだった。

「小原さん、この男性は出なくなるかもしれないけど、土地がね、あまりよくない。あきらめて引っ越すか、あるいはそういうもんだとあきらめて、この部屋で一冊本を書けばいいさ」

そういうものだ？　いやいや、毎晩黒い棒に襲われたら、それこそ命を吸い取られてしまう。

明子さんにはいろいろと世話になったので、帰り際、三万円を手渡そうとしたら、「三千円でいいよ」と言われた。彼女の家系は三の数字にまつわるお金しか受け取ってはいけないことになっているのだ。

もう一人。霊感のある友人Hにも視てもらった。

「俺には分からん。分からんけど、〝いますか？ いませんか？〟ということなら、〝います〟。ではそれは何ですか、ということについては、俺は分からん」

「結局どっちやねん！」と私は言った。どこかの居酒屋での会話だ。

「でも多分、井戸とかに関係してるんじゃないか？ それは、分からんよ、分からんけど、そんな気がする」

井戸。二人の人からそう言われた。なので後日、知り合いの郷土史研究家から、その場所の古地図を見せてもらった。

「あんたの現在の家はどの辺ね？」と彼が古地図を広げて言うので、私は周囲の建物や地形を見ながら、大体この辺だろうと場所を示した。

現在のアパートが建っている付近には、小さな丸い印があった。

「ちょうど、ここだね」私は丸を指差した。

「おおおお」と彼はうめいた。うめいた、という表現がぴったりするくらい、人間が窮地に追い込まれたり何か感嘆することがあったときにはこううめくのだろうなという想像通りの、完璧な「おおおお」だった。

「何で、おおおお、なの？」と私は聞いた。

「この丸い印、分かるか？」

「うん」

「これ、井戸だよ。しかも、死に水の井戸といって、死んだ人を洗う井戸だった」

おおおお。私は無言だったが、心の中で完璧なほどうろたえながら、その言葉を冷静に繰り返した。

おおおお。井戸があった。

彼によると、井戸にはいくつかあり、生活用水としての井戸や、ウブガーなどと呼ばれる、子どもが産まれた時に産湯に使ったりする井戸、そして数は少ないが、死に水をとるための井戸も存在していたという。中には堕胎していた赤子を流していた井戸もあるといわれている。この場所はどうやら一番最後の井戸のようであった。

もう私はそこには住んでいないが、後日出会った、とあるユタさんから、「あそこの辺りは、現在のユタなら絶対に近づきませんよ」と言われた。それが原因であのような夢とも現実ともつかないものを見たのか、あるいは個人的なストレスのせいなのか、今となっては分からない。

ユタのKさんと一緒に、日本兵の幽霊と対峙する

ある日の午後、懇意にしているユタのKさんと、Kさんの娘さんである明子さんと一緒に、三人でお祓いの現場に向かった。場所は糸満市大度《おおど》の近く、としておこう。

「そこはどんな問題があるんですか？」と私はKさんに聞いた。

「日本兵が出るってよ」

Kさんは「津堅島のにんじんはおいしいよぉ」みたいな気軽な感じで答えた。

「へえ」

もう私はその頃には、怪奇現象に対していちいち驚きのリアクションが出来なくなっていた。日本兵の出る家。最初は、そんな家があることについて、「まさか！」と思いながら取材をしていたが、さすがにこれだけ人の話を聞いていると、もはやそのぐらいでは驚かなくなってきた。

そういうものだ。

ちなみに、大度というと、近くに大度海岸がある。波が高く、サーファーやダイバーに人気のあるスポットである。ここもまた沖縄戦当時、首里から南下した日本軍は、住民を巻き込んだ持久戦を行い、近隣の集落は壊滅的な被害を受けた。大度海岸も日本兵の幽霊がよく出る、と言われているほどのスポットである。

さて、我々三人が到着した先は、大度海岸近くの一軒屋。築三〇年なのだという。玄関前にはハイビスカスが咲き乱れ、コンテナガーデンではミントが清々しい香りを漂わせていた。チャイムを押すと、家主の六〇代のご夫婦が、我々を出迎えてくれた。家主の娘さんが、明子さんと同級生なので、今回連絡があったそうだ。自己紹介して、取材させていただく旨を伝えると、快諾してくださった。

比嘉さん（仮名）らは、この場所に引っ越して三〇年経つ。最初は那覇市内に住んでいたのだが、もともと奥さんのほうのおじさんが所有していた土地だった。それまで住んでいた木造の平屋を壊して、息子夫婦のために家を建てたが、息子が急に内地に転勤が決まり、「あんた、住まないね？」と提案を受けたという。住んで一〇年目に銀行から融資を受けられたこともあって、おじさんから正式に買い取った。で、気になるところは、一体何が出るのか、そして最初からそれはいたのか、ということである。

「もともとここにあった平屋の家には、誰も住んでいなかったんです」と比嘉さんの旦那さんが語った。「家内の家系のものが代々所有していて、戦後建てた平屋が、そのまま放置されていたので、まあ、三〇年前に引っ越してきたとき、新築でしたが、おじさんの長男も一度も住まなかったんです。で、最初の日ですよ。那覇からトラック借りて、荷物を運んだその日。玄関で、記念写真を撮影したんです。それを現像したのが一週間後、これなんですけどね」

そういって旦那さんは一枚の古い写真を引っ張り出してきた。明らかにこの家の玄関だが、写真の中のそれは真新しく、一目で新築だと分かる。そこに若き日の比嘉さん含め、八名の男女が笑いながら二列で写真に収まっている。その一番左端に、旧日本軍の略帽と呼ばれる帽子をかぶった男性が、半透明の姿で写っている。他にもぼんやりした影とか、顔に見える光の渦のようなものなどが、いくつも写り込んでいた。

「あきじゃびよぉ」とKさんは言った。これがオバアの口癖である。

この時点で、私は思った。これはインチキな写真でも、合成写真でもない。なぜならわざわざ合成してKさんと私に見せる必要もないし、プリントの後ろには「サクラカラー」と明示してあった。今はなき、フィルムプリントのメーカーである。こんなおじさん、おばさんが、わざわざ合成するには、手が込みすぎている。

「日本兵ですかね」と私が言った。

「ほら、いっぱいいるさ」とKさん。

「いますいます、光の渦の中にもいますよね」

「明子。塩をちょうだい」

そういわれて、明子さんはビニール袋に入れた塩を出した。Kさんはそれを一つまみ、手に取ると、写真の上に振りかけた。サクラカラープリントの写真の上に、塩が「パラパラ」とまかれた。次の瞬間、キッチンにあった黒電話が、一度だけ「リリリリン！」と鳴った。

「いつもなんですよ」と比嘉さんの奥さんが言った。

「ワンギリですよね」と私。

「はい、たまにお化けの話をすると、こうなります」

それはこういうことのようだった。この写真を現像した後、無言電話がしょっちゅう鳴りはじめ、集落に住んでいたユタにお祓いをしてもらったそうである。ユタは「これで大丈夫」と言ったが、それからも無言電話は続き、家族全員が夢でうなされる日々が続いた。しかし、毎日頻繁に起こるかといえばそうではなく、それからは忘れた頃に起こる程度にとどまっていたという。ところが半年ぐらい前から、その回数がだんだん増えてきて、いろんなユタに見てもらったが、その都度「もう問題ありません。日本兵は消えました」と言われるのだが、一週間後ぐらいにまた、怪奇現象が頻発するのだという。

このワンギリ電話はまさに、それなのだと比嘉さんが語った。

霊界からのワンギリ電話はまさに、それはまさしく、一方通行の通話だった。

もう戻れないぜ、ベイビー。ワンウェイ、ワンウェイ。

なぜだか頭の中でしょうもない歌詞が、ぐるぐると回り始めた。

いかんいかん、恐怖の現場に居合わせると、なぜかそれとは反対のおかしな情景や言葉が、頭の中をぐるぐる回ることがよくある。そのせいで、まったく怖くなくなってしまう。

信じてないとか馬鹿にするのとはまったく違う。確かにシチュエーションとしては怖いのだが、関西人ならではのツッコミ精神、どうも現実を面白おかしくとらえようという精神が働くようだった。

霊界からの、スピリチュアルー、ワンギリー、ワンギリー。ヘイ、ヘイ！

ダメだ、心を入れ替えよう。

ということで、トイレに行って、用を足し、お茶をもらって、飲んだ。

「トイレ、何か出ませんでしたか？」帰ってくると比嘉さんの奥さんがそう尋ねた。

いえいえ、めっそうもない。「おいしいお茶をありがとうございます」私はもごもごそう答えた。

「それでは、どうぞこちらに」と比嘉さんたちが、もっとも怪奇現象の起こる場所に、私たちを連れていった。庭である。リュウキュウマツと椰子の木が立ち、一〇坪ほどの広さがあった。

そこに小さなコンクリート製の祠があった。よく道路わきの拝所など、スペースが取れない場所にある、屋根付きの祠である。（ちなみにとある石材屋さんに頼めば買える「フンシー」と呼ばれているものである。県内のいろんなところで見られるポピュラーな祠）

もう二〇年前のことになるだろうか。比嘉さんの知り合いの知り合いで、本土で占い師をやっている女性がいた。その女性がいきなり比嘉さんの家に知り合いと一緒にやってきて、「庭に祠を建てなさい」と言ったという。あまりにその女性がいうものだから、お墓専門の知り合いの業者を通して、祠を建てた。で、建てたら建てたで、祠の前にたたずむ若い女性の姿が現れるようになったという。

え、日本兵の魂を鎮めるために建てた祠なのに、新たに女性の幽霊が？　これではもう、踏んだり蹴ったり。踏まれたり、蹴られたり、である。

「では、やりますよぉ」とKさんがいきなり祠の前で言った。

明子さんはもう承知していたようで、お盆に塩と日本酒を入れたおちょこを載せて、やってきた。日本兵だから日本酒なんだそうだ。そしてヒラウコー（沖縄でよく使われる平たい線香。一ひらで線香六本分とカウントされる）を九つ、火をつけて、祠にお供えした。

それからグイス（祝詞）というものを座りながら唱えるのだが、それは書いてはいけないと言われたので、書かない。ただ何度も「〇〇ガナシー、うーとーとぅー」という言葉が繰り返された。「ガナシー」とは神様の尊称、「うーとーとぅー」とは、沖縄で神仏や仏壇などで手を合わせるときに唱える言葉。「あな尊し」の意味だ。「うーとーとー、しなさい」とよく言われるが、分かりやすく言えば、合掌しなさい、みたいな意味である。

一通り、グイスを唱え終わると、今度は全員で大度海岸近くに行き、ススキの葉っぱだけを取りに行った。これで、魔除けのサンとゲーンを作るのである。

解説しよう。サンとはススキの茎を一本、結んだものである。これは個人が夜道を歩くときなどに持っていると、マジムンから身を守ってくれるとされる、琉球古来からのお守りである。また西原町などでは、食物を腐らすマジムン、ウチャタイマグラーから、ご飯を守るという意味で使われたりした。また家の玄関などにマジムンの進入を防ぐために、結び付けられているのは最近でもよく見ることが出来る。

これに対して、サンは茎一本なのだが、ゲーンは三本の茎を結ぶ。これは主に屋敷のウガミや、聖域に結界をはるために使用されることが多い。家の四隅にゲーンを置いて、グイスを唱え、屋敷と家族の繁栄と守護を願う、沖縄古来からの風習の一つである。

ススキを採って、我々は再び比嘉さん邸に戻り、みんなでサンとゲーンを作って、屋敷の四隅に置いて、Kさんがグイスを唱えた。そして最後はトイレに向かった。

以前、植村花菜さんが歌ってレコード大賞を受賞した「トイレの神様」という曲を覚えている方は、思い出していただきたい。あの歌の中で、トイレには美しい女神様がいると歌われているのは、実は琉球の伝統文化とも関係しているのである。

ちょっと脱線するが、沖縄には「フールヌカミ」という話が残っているので紹介しよう。

その昔、天の神々が会議をして、人々を守るために、地上に神々を配置しようという話になった。神々は次々に手を挙げ、「私は〇〇のウタキの神になる」「わしはあの森を統治しよう」などと思い思いの場所で人々を守護するという立候補を行った。それは屋敷とて同じで、「私は台所の神になります」「私は屋敷の西側を守ろう」「では私は屋敷の床の間の神となろう」と、続々決まっていったのだが、フール（トイレ）の神だけは決まらなかった。やはり神様とて、一番汚い場所を守護するのは、どうも気にそぐわないようであった。ところが一番美しくて優しく、力も強い一人の女神様が立ち上がり、「誰もいないのでしたら、私がフールの神になります」と立候補したという。だから、トイレには一番美しくて、優しく、力の強い女神様がいるといわれている。

一七世紀初頭、首里王府が養豚を奨励したこともあり、豚は沖縄各地で広く飼育されるようになる。その頃導入されたイモが格好の餌となった。当時の豚小屋は石積み造りのもので、人間の便所と一体化していた。何故かというと、ヒトの排泄物がそのまま豚の飼料になり、それで育った豚をまた食すという、究極のエコサイクルを実施していたのだ（これはルーツとなる中国の豚小屋システムを取り入れたようだ）。その便所のことは「フール」、または「ワーフール（豚便所）」と呼ぶ。ワーフールは戦前まで沖縄の民家でよく見られた（『沖縄トイレ世替わり』平川宗隆著 二〇〇〇）。ワーフールに関しては面白い風習もある。夜中、家に入るときなどには、魔除けとして、わざわざフールにいき、豚に鳴き声をあげさせた、というのである。まぶいを落としたときにもそうしたという。

うんちくを続けると「トイレの神様」の植村花菜さんの祖母は、鹿児島県沖永良部島の出身だった。沖永良部島はもともと琉球文化圏であり、もちろんその中にはフールヌカミの伝承も残っていた。フールは美しく保つように心がけていた。現在の沖縄のトイレには豚はいないが、その伝統習慣がそのまま残り、現在のトイレにも女神様がおられるという信仰につながった。そしてその神様は、家にいる神様の中で一番力が強いのである。

と、いうことで、屋敷のウガミの最後に、我々はフール、つまりトイレにやってきた。トイレはきれいに片付けられて、清潔だった。そこにゲーンを一本置くと、Kさんが指示したとおりのことを、比嘉さんの旦那さんが声に出して言った。

「私はこの屋敷の主であります、比嘉〇〇でございます。昭和〇年〇月〇日生まれ。辰年でございます。私の祖先は那覇市〇〇で生まれました。どうかこの屋敷の中が清浄で、孫たちの楽しい声にあふれておりますように。また妻の〇子ともども、周囲の人を助けて、ともに成長できるような人生を歩めますように、お助けくださいませ」

そして、全員でうーとーとぅーした。

さて、やることはぜんぶ終わったし、これでもうオシマイなのかと考えた私は、非常に甘かった。これからが正念場、修羅場が始まるとは、その時、想像もしなかった。

ゴースト・ソルジャー・イン・ザ・クローゼット

我々はいったん居間に戻り、お茶菓子をいただきながら、話をした。

だが次第に、Kさんの目がだんだん細くなっていくのが分かった。視線の先には、何の変哲もない押入れがあった。

「あのさ、そこの押入れだけども、何か変なことは起こらなかったね？」

起こらなかったね、の「な」の部分で、食い気味に比嘉さんが言葉をかぶせた。

「そうなんです！　そうなんです！」

「何かあったでしょう？」

「いつも物音がしたり、話し声がするんです！」

あとで比嘉さんに話を聞くと、この家での一番何かおかしな場所は、実はこの押入れだった。何人ものユタを呼んでも解決しなかったことへの疑心暗鬼から、比嘉さんたちはそのことを最後まで黙っていようと思った。もし相手が本物なら、きっとここを指摘するに違いない。そう考えた比嘉さんたちは、最後の最後に私たちに知らない振りをして、居間に連れて行ったのだった。

「あきじゃびよ！」と言いながら、Kさんは押入れの戸をあけた。

中にはお客さん用の座布団と布団類が綺麗に積み上げてあった。

「全部出してちょうだい。そして明子は日本酒持っておいで」

我々は押入れから全部の布団類を外に出し、明子さんは一升瓶を片手に、Kさんの横に立った。

しばらくKさんは空っぽの押入れを前にして、目をつぶって何かを一心不乱に唱えていた。それから押入れの中に手を差し出すと、こんな感じで喋り始めた。

「あい、あんたー、怖がらなくてもいいさー。どっから来たね。え、埼玉県ね。遠いところから来たね。もう怖がらなくてもいいさあ。怖かったねえ。ええ、戦争はもう終わってね。みんな、国に帰っていったんだよ。あんたも帰りなさい。大丈夫。怒られやしないからさあ。ほら、オバアの手を取りなさい。ほら、もう少しだから。さあさあ、こっちに来なさい」

そういってKさんは、見えない誰かを押入れの中から連れ出した。

「はい、次。次はあんたかねえ。どこね。国頭出身ね。ああ、そうね。山城さんか。わかるよお。同級生にも山城って、いたさあね。さあ、こっちにおいで。誰も怒ってないからさあ。だーだー、手を取りなさい」

Kさんは再び見えない誰かを押入れの中から、よっこいしょと引き上げた。

こうして一時間ほど、Kさんは延々見えない誰かをこちら側の世界へ引き上げていた。

しばらくすると、押入れに向かってこんなことを言った。

「すまないけどね、ちょっと三時茶《さんじぢゃー》しますよ」

三時茶とは、三時の休憩のことである。ティータイム・ブレイク。Kさんも疲れたのか、座布団の上にゴロンと横になった。「はー疲れた」とKさんが言って、私を見てニコッと笑った。

と、次の瞬間、横にいた比嘉さんの奥さんが、うつむいたかと思うと、急に倒れこんだ。旦那さんが駆け寄るが、その口からは「うー、うー」という苦しそうなあえぎしか聞こえない。

「あれー、誰かねえ。悪さして、人間の肉体に入り込んだやからは」Kさんが身体を起こしながら言った。そして奥さんの背中を、平手で何回も「パン、パン」と叩いた。

と、それを見ていた私の背中が、急に痛くなってきた。

まるで針で刺されたように、ちくちくと神経が悲鳴を上げ始めた。それに気づいたのか、明子さんが私の背中に山盛りのヨネマースを塗りたくった。マヨネーズではない。与根という場所で作っている塩（マース）のことである。でも痛い。体中がだるくなってくる。息も絶え絶えとは、こういうことだ。頭の中で「霊界からのワンギリコール」を歌おうにも、もはやおかしな歌詞すら出てこない。苦しい。だるい。つらい。しんどい。これではパンクロックの歌詞にもならない。

目の前ではKさんが必死に奥さんの背中を叩き、奥さんは奥さんで、もはや獣のような唸り声しか発していない。私は私で、体中にヨネマースをぶっ掛けられながら、ハアハアいってへたれこんでいる。ここで視覚的に悪魔バアルでも現れたら、『エクソシスト』を地で行く感じなのだが、残念ながら日本兵の〝に〟の文字すら見えない。

残念ながら、私はそこでギブアップして、少し離れた場所で横になった。そこで、今でも分からない、変な夢のようなものを見た。いや、夢なのか、幻覚なのか、分からない。

横になっていると、後ろにすりガラスのドアがあって、そこに廊下が一本走っていた。そこを誰かが靴を履いたまま何度も通っていくのだけは分かった。でも廊下だったたし、靴のままってのは失礼なやつだなと思いながら耳をそばだてていると、再び「コツコツコツ」と靴音が響き渡る。ちょうど私の横の廊下を過ぎて、そのままトイレのほうへと歩いていく。だが廊下の突き当たりはトイレなのに、ドアを開けた音はなく、ひたすら足音は小さくなり、遠ざかっていった。

空耳だ。私はそう思った。でも頭の中には、映画のワンシーンのような光景が広がっていた。日本兵の兵隊が廊下を歩いていって、トイレの中にすっと消えていく情景である。

思い込みとは怖いものだ。日本兵の心霊写真を見せられて、このように起き上がれないくらいにつぶれてしまったので、そういうものを無意識に見てしまうのだ……。

でも心のどこかではこんな風にも思っていた。

あかん。あかんで。これは、マジすぎる。

結局そのあと、Kさんに塩を舐めろといわれて、それで私は正気づいた。

帰り際、その家にはコリー犬がいたことが分かり、「きっとあれはコリー犬が廊下を歩いていく足音を勘違いしたに過ぎないのだ」と私の心の中では、そう答えが出た。コリー犬の足音だって、思い込みと調子が悪くなったのが加味されて、奇妙な現象のように錯覚してしまうこともあるのだ。それとも、違うのであろうか。そういうものだ。そういう風に、理解できない自分が、そこにいた。

結局、Kさんは、七、八〇体の旧日本兵や戦死者の霊を押入れから救い出した。もちろん我々にはまったく見えなかった。

帰り際、比嘉さんがKさんに「ありがとうございました。いくらお支払いすればよろしいでしょうか？」

それに対して、Kさんはこう答えた。

「気持ちでいいよお。沢山出す必要はないですよ。なぜなら、私がこういう職業をやっているのは、金儲けではなくて、後ろの神様がやれというからです。だから実際、ここに来るまでの時間とかガソリン代とか、かかるのは分かるけど、それだけ出ればいいですよ」

帰り際、比嘉さん夫妻は封筒を手渡した。Kさんは中身も見ずに、さようならをいってそのまま車に乗った。車に乗ってから封筒を開けると、一〇万円入っていた。

「あんた、いるねえ？」Kさんが札束を私にちらつかせて、そう言った。

「いりません！」

それからKさんは三万円だけ抜いて、あとは明子さんに封筒を返した。

「これ、返しておいで。残りはお孫さんにゲームでも買ってあげなさいってね」

明子さんはそれを聞くと、すぐさま封筒を比嘉さんに返しにいった。

「私はお金を取るなら、三の数字しか受け取らない」とKさんは語った。

「だから三千円か、三万円か、どちらかだね。三〇万はいくらなんでも多すぎさ。それで同業者は私のことを嫌うわけさ。同業者はたくさんお金を払うかどうかで、その人が本気かどうか確かめてるとかいうけど、あれは私は好かんさ。私みたいなのがいるせいで、ユタのお金が下がるとかいうけれど、それだったらそれでいいさ。私は私の言われたことをやる。あんたの後ろの神様は三〇万かもしれんけど、私の後ろの神様は三万円しか取るなって言うわけ。欲張りすぎるな。自分に出来ることだけをしろって、いつも後ろの神様は言うわけさ。これが道理さ。これが真実。これが私、であるわけさ」

なんか、沢山のことを教えてもらった気がする。私は一生ユタにはなれないし、なる気もないが、ひとつだけ分かったことがあった。

欲張りすぎるな。自分の出来ることだけをやれ。

これは今でも、私の中の教訓である。

その後、比嘉さんの家には日本兵は現れていないという。

取材して欲しくない

沖縄島北部のとある集落の自治公民館に行ったときのことである。そこのウタキを探していた私は、そこに寄って、話を聞くことにした。

一目で本土の人間だと分かる私に対して、公民館の男性職員はあからさまに嫌な顔をした。そして、ひっこんだ後ろで、こんな言葉を言うのが聞こえたのである。

「窓口に来たク●ナイチャーが、イビ（ウタキ内にある聖域）の場所探しているんだと。フラーじゃないかね」

これはまあ、通訳しないでも意味は分かるだろうけれども、決して芳しい、素敵な言葉ではない。私は●ソまでつけてけなされたのである。そして相手はきっと私が方言も理解できないク●ナイチャーで、ウタキの知識も何もないと思っているようだった。そこで、別の女性の職員に名前を言い、新聞に連載していることを伝えると、態度がガラッと変わった。丁寧に場所を教えてくれたのだが、どうやら「ク●ナイチャー」呼ばわりした方はその公民館館長だったようで、最後まで顔は出さなかった。

本土の人間が、誰も取材しないような田舎の集落のウタキを取材することは、もしかしたら自分たちのムラの結界を破ろうとしているように思うのだろうか。でも考えれば、ウタキと言うのはそれぞれの集落を守るためだけにある、ムラの守護神である。そもそも、外部の●ソナイチャーが、取材などするべき場所ではないのだろう。それは十分に分かるのであるが、あの対応は少しひどかったようにも思う。

あるときは、こんな経験もした。

とあるウタキに行くと、入られる方は近くの公民館に寄ってください、との張り紙があった。そこで、話も聞けるかなと思って、近くの公民館に寄ってみた。

そこにいたのは五〇くらいのおばさんが一人、かっぱえびせんを食べながら、テレビを見ていた。そこで私はウタキを取材していることを伝え、ここのウタキの由来、成立過程などを知りませんかと話をした。

するとおばさんはかっぱえびせんにまみれた手で、私の肩をつかんでいろいろ教えてくれたのだが、動作が何か異様だった。しばらくすると、もう一人のおばさんがやってきて、二人で私のことを某新興宗教団体の信者だといい始めた。いやいや、私は無宗教でそんな宗教とはまったく関係ありませんと、説得すること一〇分。ようやく納得してもらって話を聞くと、最近、某新興宗教団体の信者がこの集落にやってきて、ウタキの横にある土地を買収しようと躍起になっているのだと。その某信仰宗教団体の教祖か幹部が、そこの土地はパワーが高いから、北部の拠点にしたいと言い始めたらしい。で、土地も買収しない先月、幹部が来て何か儀式をしたのだという。私にぜひ見せたいというので、広場に行ってみると、そこにはドルメン（巨石墓）のような、石を積んだ塚のようなものが無数に建てられていた。

「これがパワースポットには、見えません」と公民館のおばさんがボソリと言った。

「ほんとですね」

私の感想は、賽の河原のイメージだった。死者が延々と石を積み上げて、鬼がそれを延々と壊し続ける。どこから持って来たのか、山の中の土地に、たくさんの貝殻が混じっていた。話を聞けば、気持ち悪くて誰も手を触れられないのだという。

これは四年くらい前の出来事であるが、つい最近この公民館に寄って話を聞くと、その宗教団体は土地買収をあきらめたようで、集落の住人一同ほっと胸をなでおろしているという。例のドルメンはどうなったかと聞くと、近くの山の中に捨ててきたという。

まったくもって迷惑な話である。

石を持ってきて欲しくない

石で思い出した話がもうひとつ。

沖縄本島の中央東側の海上に、浜比嘉島という場所がある。島は浜区と比嘉区に分かれており、何といってもこの場所で有名なのは、アマミチュー、シルミチューであろう。

沖縄の創世神話では、だいたいにおいて二つの神がこの沖縄を創ったとされるのであるが、それがアマミチュー、シルミチューである。アマミキヨ、シネリキヨとも言うし、アマミク、シネリクというのも、この変形だろう。彼らの家と墓がこの浜比嘉にあると書いたら、何も知らない皆さんは驚くだろうか。要するに、神様の墓である。

沖縄では普通の人でも死んだら三三年で神になるとされる。個々人の人格は消えて「祖霊神」となって、子孫を守護する存在になる、らしい。親族・門中が拝む対象となる神墓《カミバカ》は結構いろんな場所にある。しかし浜比嘉島のそれはもっと話が大きく、沖縄全体の祖先の話である。浜比嘉の大橋を渡って左側にあるアマミチューの墓は、一説によると、アマミチューだけではなく、シルミチューも埋葬されているという。

そこから少し先に行くと、今度はそのシルミチューという場所に突き当たる。鳥居のある階段を登っていくと、上に鍵のかかった洞窟がある。ここは昔から子宝に恵まれない夫婦がウガンしに行く場所であった。ちなみに、私の友人Hは、霊感があるやつなのだが、この場所に行くとなぜか「電気のブレーカーが見える」と言った。

「どういう意味ね?」と私は聞いた。

「全部の電気が集まるところ。ブレーカーがあって、今は下りてる」

「上げたらどうなる?」

「だめやっさぁ。上げたらダメやっさぁ」

一度目の前でブレーカーに触って欲しいと思うのだが、Hはなぜか嫌がってそれをしようとしない。

とにかく、この場所は現在でも参拝者が絶えない場所である。その場所について、こんな話を聞いた。

崎山さんという神人《かみんちゅ》の女性が、家で眠っていると、三日続けて同じ夢を見た。

シルミチューの神様が、げっそりした表情で鍵のかかっている洞窟から現れ、崎山さんに向かってこう言うのだ。

「えー、あんたよ、ひどいさ。なんでこんな重荷を私に背負わすかね」

「どういうことですか」と崎山さんは聞いた。

「これよ、石よ、石。勝手な念がこもっているさ。汚らわしい。力が弱まってしまうさ……」

不思議な夢だったので、崎山さんはある日シルミチューに行き、自分の目で確かめた。

シルミチューの洞窟の向かって左側に、ごつごつした隙間のある岩がある。そこに、明らかに人為的に持って来たと思われる小石や珊瑚のかけらが、所狭しと詰め込まれていたのだ。子宝欲しさに、下の浜辺で拾った石に願いを込めて、岩の隙間に置いていく、という行為が最近流行っているようだった。これは子宝ツアーなどと称して一部のユタさんや本土出身のスピリチュアルなカウンセラーだと自称する人たちが、率先して行っているという。

崎山さんは、それを落とそうと思ったが、あまりに数が多くて落とせない。しかも触ろうとすると、あまりに個人的で自意識過剰な念の塊であるので、気持ち悪くて触ることができない。

何も出来ずに家に帰ると、再びシルミチューの神が夢に現れて、嘆願した。

「こんな念だけ置いていっても、私は願いを叶えられない。感謝するものだけに、願いを叶える。もうこんなことはやめて欲しい」

そんなこと言われても、私はあの石を触るのも嫌だ、と崎山さんは思った。

ところがある日のこと。記録的な台風が沖縄を襲った。その日の夜、暴風が吹き荒れる中、崎山さんはこんな夢を見た。

ニコニコした笑顔の龍が暴風雨の中、シルミチューにやってきて、そこで大暴れしていた。何をしているのかと思ったら、暴風により石を全部下に落として、撒き散らしていたのである。やがて晴れ間が見えると同時に、龍は天へと昇っていった。

台風が過ぎ去ると、崎山さんは車を運転して、シルミチューに向かった。案の定、石はほとんどが落ちて、なくなっていた。

「龍は底抜けに明るい笑顔でした」と崎山さんは語った。

ユタしく、ユタしく

仕事柄、何人ものユタさん、神人さん、霊能者さん、スピリチュアルな人に会って話を聞いた。だからそういった世界のことを何でも分かっているかといえばそうではないのだが、ただ、なんとなく分かってきたことがあった。

私はあるとき、こんな経験をしたことがある。知り合いに本土からの移住者の占い師のような人がいた。その人は自分のことをこう言っていた。

「私は最初にこの地球を作った二〇人の中の一人だ」

その時には、なんだかおかしなことに、それを信じてしまったのである。ああ、そういうものなのか。前世というものに興味があった当時、それぞれの人の魂は転生してもおかしくはないから、そんな魂がいてもおかしくはないのだろう、みたいに漠然とそれを捉えていた。だが最初の信じる気持ちは、すぐに変化していった。

ん？　そう思うことが頻発してきたのである。

彼女は瞬間移動が出来ると言い、いろんな人に未来についての予言をした。あなたはこうこうだから、こうなる、とか、このことがあるから、こうなる、とか。彼女を信じている人も多く、私の知り合いも彼女に傾倒していった。でも私の気持ちは、だんだんと冷めていった。そして彼女の家に呼ばれたとき、唐突にこんなことを言われた。

「私のために働きなさい。そうしたら、絶対に成功させてあげる」

「うーん、たぶん出来ないと思うなあ」と私は答えた。

「どうして。私の命令を聞かないと、あなただって消し去ってしまうよ」

そんな恐ろしいことを言った後に、彼女は「アハハハハ」と乾いた笑い声を発した。

それから私は彼女から少し離れて、部屋にあったマッサージチェアに座って、今言われたことをぼんやりと考えていた。今存在している私を消す？　一体どうやって？　私は絶対にそっちに行かないと心の中で決めた。でも次の瞬間、なんだか急に自信がなくなり、頭の中を誰かが棒でグルグルとかき混ぜているような錯覚に陥った。あかん、めまいがする。はっと半身をマッサージチェアから起こすと、彼女が鬼のような目で私をキッチンから睨んでいた。今考えても、吐き気がこみ上げてくるくらい、気色の悪い経験だった。

もう一つ、こんな経験もした。

取材で、とあるユタさんグループと一緒に、とあるウタキに車で行った。

その当時、私はスピリチュアルというものに若干かぶれて、その世界に足を踏み込めば、何か面白いものがあるのかもしれないと感じていた。だから、そういった集まりにはホイホイ顔を出し、いろんな人から話を聞いた。まあ、若かったのもあるだろうし、今となっては貴重な経験ともなっているのだが。

で、その中心となっているユタさんは、仮にA子さんとしておくが、五〇歳くらいの、活発な女性であった。A子さんは、自分のお弟子さんを何人も抱えていた。中にはアリゾナやハワイから来ているお弟子さんもいた。

彼女たちが、何をその日するかといえば、「チムギ」と呼ばれることをするのだという。チムギは、標準語で「紡ぐ」、神と自分をつなぐ儀式をするのだという。私はあくまで取材で同行したのだが、とあるウタキに行くとしか言われていなかった。そして結局車は、ウタキの中でも一番大きなウタキである、斎場《せえーふぁ》御嶽に到着した。なにしろ琉球王朝御用達のウタキであり、世が世なら簡単に下々が入れないところである。

しかしその頃はまだ世界遺産に登録されていないので入場料もいらず、我々は午後六時を過ぎた頃、すんなり中に入った。女性ばかり一〇人ほど。それぞれ二人ずつペアになり、ゴルフボール大の水晶玉を手に取り、それぞれ自分の念を水晶に込めた。そしてそれを日没寸前の誰もいなくなった斎場御嶽の林の中に投げ込んだ。

「この水晶に入っている念で、あなたと斎場御嶽の神様は、いつでもコンタクトが出来るようになります」とA子さんは語った。そして私にもその水晶を投げるように言ったが、事前にそれをやると、水晶のお金一〇万円がかかると言われていたので、丁寧に辞退させてもらった。

「何ね、意気地なしだねえ、ナイチャーのくせして」

彼女は冗談っぽくそう言った。

その後、である。我々は居酒屋さんで打ち上げを行った。そこでA子さんから、こんなことを言われた。

「あのね、私は神命で本を書けと言われています。あなた、私の代筆者になりなさい」

「ええと、それはまあ出来るかもしれませんが、ちゃんとお金を払っていただければ、編集者としてかかわることはできますよ」

「そうじゃないのよ。あなた、私のファミリーに入りなさい。ほら、そこにいる女性、誰がいいね。すぐにホテルに連れ込んだらいいさ」

A子さんがそういうと、彼女たちは酒に酔っているのか、ギャハハハと大笑いして、受け流した。

かくいう私は、ピンチの真っ只中にあることを、確信した。これは、まずいところに来てしまったのではないか。ようやく私は分かり始めた。気づくのが遅い、という突っ込みは、この際受け付けない。

その時にA子さんが「お祓い」と称して、私の頭に手を置き、なにやらムニャムニャと言葉を唱え始めた。とたんに頭の中がグルグルしだし、誰かが自分の脳味噌を棒でかき混ぜているかのような、そんな錯覚に陥った。あかん、このままでは私の魂は死んでしまう。そう本気で思った。こんなこと思うのは、人生でそうざらにあるわけではない。私はトイレに行く振りをして、そのままタクシーに乗って帰った。何度かA子さんからケイタイに着信があったのだが、私は無視をして一度も取らなかった。

この二度の経験というか、私的に危機一髪な話をなぜしたのかといえば、これはきっと、相手が私をマインド・コントロールしようとしていたのだろう、ということが言いたかったのである。この二人の女性に、何らかの力があるのかないのかといえば、おそらくあるのである。それは間違いない。私は他にも何人ものユタさんや霊能者と会って、話を聞いた。その結果、行方不明の知り合いの知り合いを、芝生にまみれて死んでいるという情景を警察よりも早く霊視した方もいたし、無くなった鍵のありかが、白いタンスの下だと電話だけでずばり当てた人も目の当たりにした。

そこで、私の出した個人的な結論は、こうである。

普通の人間が視えない世界が視えたり、人を念でコントロールしたり、行方不明者を見つけ出すことの出来る人は、確かに存在する。中にはガンだって治せる人もいるかもしれない。だが、そういう力を持っていることと、その人がモラル的に正義を重んじる人格者かといえば、それは決してイコールではない。私にとってそれらの力は、たとえば学校で数学が得意とか、走り幅跳びで驚異的なジャンプ力を持っているとか、営業で沢山契約を取ってくる社員のように、ある能力の一つだと思うのである。みんなが強力に持っているわけではないが、確かに存在する。だが営業で沢山契約を取ってくるスーパー社員が、必ずしも人格者だとは限らない。知能指数の高い数学者が、それに比例して全てすばらしい人格者だとは限らない。それと同じで、透視が凄いユタさんが、その力に比例して神様のような人格かといえば、それははなはだ疑問である。

世間には、そういった力を持っているのだから、言動も人生のすべてにおいてその人は正しいのだと盲信する風潮がある。過去の聖書の預言者がみなそうであったから、私も力があり、力があるものは正しいのだと。

だが違う。私は、声を大にして、ここでいいたいのである。

前世が見える、透視が出来る、守護霊と話が出来る。それらの力は、その人が正しいから与えられたわけではなく、たまたま、なのだと思う。その力をどう使うかが、その人に与えられた使命である。この世には神様のような人間なんか、いないのである。人間だからみんな弱点があり、弱点が汚点となり、カオスが生まれ、悲劇が生じる。

沖縄の昔の人はうまいこと言った。

「ユタ半分、医者半分」

みなさん、だまされないでください。はっきり言って、ユタさんにかからなくても、人生を楽しく、有意義に生きていくことは可能なのだから。何かのヒントになれば、それはそれでいい。中には人格的に素晴らしい、尊敬に値するユタさん、スピリチュアルな方も、いることはいる。でも私から言わせれば、それらは少数であり、見分けるのはいくつか方法があると思うのである。

一つは、弟子やクライアントを、よそに行かせず、ずうっと自分のところに囲っている人たち。弟子やクライアントは金づるである。そういった人を、彼らは手放さない。永久にうまい汁を吸い続ける。

もう一つは、その人の言動である。自分は神の生まれ変わりである、という人には気をつけたほうがいい。私は、神様は生まれ変わらないと思うのである。逆に生まれ変わる理由が見当たらない。どうしてブッダや弥勒の神様が、コンビニの横のアパートに住んでいたり、あなたのたまたま横にいる人がそうなのか、理由を教えて欲しい。

また選民思想を吹聴する人もよくないと思う。あなたは特別で、選ばれた人たちですと、彼らはのたまうのであるが、逆に選ばれなかった大多数の人たちの人生は、意味など無いのであろうか？　なぜあなただけ選ばれた人なのであろうか？

琉球王国時代に、蔡温《さいおん》という高名な三司官（国政のトップ）がいた。儒学、風水の思想を学び、河川改修、森林管理などに手腕を発揮した。中国から沖縄に移住してきた、いわゆる「久米三十六姓」出身で初めて三司官になった彼は、琉球王国最大の政治家といわれる。彼は一七二八年にユタ禁止令なるものを出した。それはつまるところ、王府よりも民衆がユタのことを信じ始めたからであり、利益を上げようとするものが偽のユタを使ったり、そういった横暴な振る舞いが目立ち始めたからであった。ただ、蔡温のユタ禁止令で少しだけ腹が立つのは、ユタやトキ（男性のユタ）の教科書的な巻物である「時双紙」を焚書にしてしまったことだ。歴史的に価値があるものなので、これだけは残しておいて欲しかったが、仕方が無い。とにかく、何が言いたかったかというと、そういった偽者のスピリチュアルぐゎーしー、ユタぐゎーしーが増えると、社会は混迷してくる。ぐゎーしーとは方言で「〇〇みたいな」という意味で、要するに偽者である。

今、世界的に精神世界が広く認知されて、沖縄の精神世界も以前よりも注目され始めている。後で書くが、「琉球ユタ」という免状も、お金を払えばもらえる時代である。何が本物で何が偽者なのかは、自分の目できっちり見据えて判断していくしかない。そしてそれはどのユタさんに当たっても、教えてはくれないことだ。自分で見つけるしかない。

私は果たしてそれを見つけたのかどうか、今でも自信がない。でも歩き続けるしかない。

止まったら死んでしまうだろう。

そうならないために、毎朝顔を洗って歯を磨く。

本を読んで、ビートルズを口ずさみ、そしてうまいものを食って、そして寝る。

一つだけ分かるのは、私はこの地球を作った二〇人ではないという、そのことくらいだろうか。

琉球ユタ免状を授けます

だいぶ前、渋谷に住んでいる漫画家の友人の家に泊まった。その日の昼間は暇だったので、外をぶらぶらしていると、妙な看板を出して占いをしている男性の姿が目に入った。

「琉球ユタ　〇〇〇〇」

へえぇ。一体なんだろ。取材根性がむくむくと湧き上がって来た私は、すぐさま彼の前に並んだ。そしてお金を払って、見てもらうことにした。

何を見て欲しいですか、と言われて、「仕事の今後について」と、とりあえずビール、みたいな返事を返した。

その男性は私の目をじっと見ながら、口の中で「〇〇ガナシー、〇〇ガナシー」と唱えているのが聞こえた。ガナシーとは神様につける敬称である。あきらかに本土出身者であった。相手はこちらが沖縄に詳しい人物だとは、まったく思っていないはずであった。

「何か取引をされていますよね」と彼が言った。

株とか、先物とか、そういうことだろうか。私はまったく関心もないし、知識もなかった。

「はい、仕事でいろいろと」嘘八百を言った。

「そうでしょうね。これから正念場だということです。三か月以内の取引は、気をつけるように。特に東側に気をつけなさいということです」

「それは、何ですかね。自宅から見て東に住む人。それとも会社から見て東ということですか」

「両方ですね」

まったくもって自信ありげな喋り方、まっすぐな視線。整った髪形に、身なりの良い服装。でも何かが欠けている。何かが残念である。でもそれが一体何なのかは分からない。

私はさらに知らない振りをして、「この琉球ユタって何ですか？」と聞いてみた。

その結果、恐ろしいことが分かったのである。

その男性は、小さな頃から霊感があり、幽霊などが普通に見える人物らしかった。沖縄の精神世界には前から興味があったのだが、知人から沖縄でユタの修行をさせてくれる人がいるとの紹介を受けて、あるとき沖縄に渡った。そこでとあるユタさんから教えを請い、修行させてもらったという。最終的に免状をもらい、琉球ユタを名乗っているという。

「ご出身はどちらなのですか？」私は聞いた。

「埼玉県です」

なるほど。でもユタじゃないよね。単なる占い師だよね。

ここで改めてユタの定義をしておこう。琉球の正史『球陽』にはいくつか記述がある。それによるとユタはもともと女性を指し、男性のユタはトキ、もしくはトゥチと呼ばれた。トキはもともと王府の中にいて、暦を読み上げるのが主目的だったようで、中にはずば抜けて霊感の強い者もいた。その中で一番有名なのが、木田大時という人物である。これはムクタウフトゥチと読む。この人物は一六世紀に尚真王に仕えていたが、尚真王の側近にいいいい、はめられて、最後は斬首されてしまったかわいそうな人物である。

これについて、私が書いた新聞の連載があるので、引用しておく。

15世紀後半から16世紀前半の話。尚真王という琉球の王様が、原因不明の病で苦しんでいた。色んないろんな医者に見せても治らず、容体は悪化するばかりだった。実は王をねたんでいた部下の按司たちが、イチジャマ（生霊）で王をのろっていたのだ。

「友人の木田大時を呼べ。あいつなら、私の病を治してくれよう…」

尚真王には、頼りになる友人が1人いた。玉城村に住む木田という名前の男で、悪霊を追い出したり、これから起こることを予言したり、人知を超えた力を持っていた。

さて、木田が尚真王の下にやってくると、すぐさま原因が按司たちのイチジャマであると分かり、早速それらを取り除いた。

すると1匹の大きなガが、どこからともなく城の中に入り込んできて、ボタッと床の上に落ちたかと思うと、死んでしまった。それから王は信じられないほど見る見る元気になり、木田の評判はますます上がった。

だが、それを快く思わない按司たちは、木田を陥れてやろうと、ある日のこと彼を王や家来の前に呼び出した。

そして、木田には見せないように王の前で1匹のネズミを木箱の中に入れて、こう聞いた。

「箱の中には何匹のネズミがおるのだ。当ててみろ」

「はい、3匹でございます」

「こいつはうそつきだ。ひっ捕らえて処刑しろ！」

王が止める間もなく、木田は家来たちに捕まえられて、安謝の処刑場まで連れて行かれてしまった。

と、しばらくして王がネズミの入った箱を開けると、中のネズミが子供を産んで3匹になっているではないか。木田は正しかったのだ。

「処刑を止めさせろ！」すぐさま伝令を送って中止しようとしたが、間に合わず、木田は首を切られて、死んでしまった。

王は無実の友人を殺してしまったことを深く悔やみ、せめてもの償いとして、木田の遺骨を王族しか入れない墓、玉陵に入れたといわれている。

「ふしぎうちなーショートショート」『琉球新報・小中学生新聞りゅうPON!』二〇一六年三月六日付

木田さんはそこまで霊能力があったのなら、どうして自分の死を予言できなかったのか。それを考えると、非常に物悲しい話である。

とにかく、ユタ、そしてトキは昔から沖縄に存在した。そしてそれらの多くは、血筋で成り立っているのである。ユタの家系はユタになるものが多く、言葉を変えていえば霊感・霊力のあるものが多い。霊力のことをセジという。セジが宿ると、人は神ダーリし、刀は妖刀となり、岩はビジュルとなる、らしい。だがそれが本土出身のスピリチュアルなカウンセラーだと称するものたちに、果たして修行、もしくはセミナーという形で授けられるものなのであろうか。

私は埼玉出身の琉球ユタ男性から、沖縄のユタ・トレーニング・スクールの住所を聞きこみ、後日、実際に行って確かめることにした。場所はいろいろ問題があるので言わない。とりあえず、Tシャツにジーンズという格好で、私は教えられた住所に行ってみた。近代的なオフィスビルの一角にそれはあった。エレベーターであがって行くと、普通の事務所っぽい場所だった。

「〇〇セミナー　琉球ユタ」。そんな看板があった。

ピンポーン。現れたのは、二〇代後半の知的美女。沖縄の女性ではない。きっと取材と言うと断られると思ったので、興味のある振り（興味は確かにあるので嘘ではない）をして、話を聞いた。

場所は普通のマンションの部屋とオフィスの中間といった感じだった。ただ違うのは、中央に巨大な沖縄のトートーメーがあったこと。そして、仁王像と弁財天と不動明王らしき大きな像が、でんと構えていた。

話を聞くと、コースはいろいろあるという。しかし琉球ユタという免状をもらうには、基本料金三〇万と、一か月の研修が必要だという。三〇万はこの会社に払う金額で、渡航費や宿泊費はそこに含まれない。そして肝心なことを聞いてみた。一体、どこの誰がこんなことをやっているのか。

それによると、中心になっているのは沖縄出身の、あるユタさんらしかった。彼女が「夢も希望もない本土の若者たちに、琉球ユタの真髄を授けよ」という天命を受けたので、こういう仕事をしているという。説明してくれた方も受講生で、「琉球ユタ」なのだという。今までどのくらい受講生がいるかといえば、すでに三〇人ほど、琉球ユタ免状をもらった卒業生がおり、中には沖縄出身者もいるらしい。

へええ。凄いですね。そう言うしかなかった。

そもそも、沖縄のユタは、本土の修験道が行うような、野山を駆け、滝に打たれるという修行などは行わないはずである。さっきも書いたが、それらのセジは修行で得られるものではなく、家系、もしくは神ダーリという激しい経験を通して、得られるものなのである。なので、いくらそのユタさんが修行とか、セミナーとかで教えを伝授しようにも、本質的なことはまったく伝えられないと思うのである。

「沖縄のユタって、修行しないって聞きましたが」と私は聞いてみた。

「昔はそうだったかもしれません。でも天命が下って、世界は変わりました」

なるほど、そうなのか。私は頭を抱えながら、事務所を後にした。

いろんな考えがあると思うが、私はこれは違うと思う。

ユタは沖縄出身の人がなるべきものだ。金と修行では、ユタにはなれない。また沖縄の人はそもそも、ユタになろうとか考えている人は少ないのである。ユタになるとさまざまな責任が付いて回る。夜中に呼び出されて山に登ったり、ウタキで叫びまわったり、全部自分の意思ではないのである。そういうこともひっくるめて、ユタなのである。そんな軽々しく、「私、先週ユタになったんです」とか言ってはいけない。ユタになるということ、それは明らかに一種の呪いである。呪いを引き受けた者は、呪いに準じて自分の行動を制限される。なのに、どうして呪いを金と修行で手に入れて、それが名誉であるとか勘違いするのであろうか。現代社会は、みなが個性を失い、個性を欲する時代である。

「占い師をやるから、何か自分も個性的な肩書きが欲しいな。お、琉球ユタじゃん。何か、格好よくね？」

明らかに何かおかしい。くれぐれも、豆腐の角で頭をぶつけて怪我しないようにと、祈るばかりである。

「So It Goes.」と安須森の上で考えてみる

本土では、過去の伝承に対する気持ちというものは、どこかで断絶してしまったのだと考えている。それはつまり、日本昔話が、もはや昔話になって、現在ではありえないこと、現在と昔話の間には、一種の越えられない壁があって、つながっていないということなのだろう。

要するに古《いにしえ》に実際に起こったといわれていた物語が、現在では架空の物語となって存在している。われわれはもはや昔話や伝承の只中に身を浸してはいない。それとはまったく別次元の「現代社会」という惑星に暮らしている。そのぐらい、伝承と今はかけ離れている。

だが沖縄に目を転じると、その公式は当てはまらない。沖縄では、伝承と現在は密接につながっており、失われかけてはいるが、まだ過去から伸びてきた細い糸は、現代の底辺部にしっかりと結びついているのである。

沖縄では、こんなにウタキが身近にありながら、それについて書かれた本は驚くほど少ない。なぜ沖縄の人がウタキについて本を積極的に書かないかといえば、それを本気で信じているからである。それは怪談の分野にしても同じことが言える。沖縄の怪談本を書いている沖縄の人は、驚くほど少ない。県内いたるところに怖い話がゴロゴロしているのに、彼らはそれを怪談として捉えて記録しないのである。なぜか。

それを心から信じているからだ。祟りや呪詛、生霊は存在する。同じく神もいる。あまり触れてはならない。なぜなら、かかられる（触られる＝たたられる）からであると。

ウタキは沖縄の村々を鎮守する聖域であり、その地を守る神様がいる。それについて書くと、かかられるのが当然ではないのか。そんな意見を、数百回も私は聞いた。

たとえば、ウタキを巡る講座を実施する前に、公民館を利用するオジイオバアに「今度こんな講座をします」と告知した際に、こんなことを言われた。

「大丈夫かねえ。かかられないかねえ」

沖縄では、ウタキに触れる＝関わると、かかられておかしくなる、というのが通説である。沖縄の神はかかる、要するに祟るのである。昔のオジイオバアは、よくこう言ったものである。

「ウタキには近寄るな。ターリされるぞ」

ターリとは、もたれかかるとか、かかられるという意味である。つまり、ウタキに不用意に近づくことは、命の危険があると言っているのである。でも考えてみれば、ウタキとはそもそも神様の場所である。どうして神様が祟るのであろうか、と、この本を読んでいる本土の読者は思うに違いない。しかし沖縄の神はまさしく祟るのである。これはもしかしたら、人間と神様との距離が近いからなのかもしれない。

ちょっと脱線をして、宮古島での経験を話そう。もう二〇年以上前になるが、宮古島に二年間滞在していたことがあった。その時から拝所に興味を持ち、いろいろ調べたり出かけたりしていたのだが、あるとき地元のオジイとこんな会話をした。

「オジイ、沖縄にはウタキって多いですよね」

「ああ、多いよぉ。たくさんあるよぉ」

「宮古島だけでも、いくつぐらいあるんですかね」

するとオジイは、私の目をじっと見つめながら、変な言葉を吐き出した。

「ダゥ……」まるで犬が、「バゥ」と吼えるように、オジイが言った。

「え?」と私。聞き取れなかったのだ。

「ダゥ……」

「どうしたんですか?」

「ダゥ。ダゥ」

話がいきなり通じなくなってしまった。

あとで聞くと、宮古島の方言で、数えられないくらい多い、ということを「ダゥ」というらしかった。

確かにウタキは沖縄には沢山ある。数え切れない。

ダゥ。ダゥ。

まさにそうであった。オジイは真実を語っていたのだった。だから沖縄には「ダゥ」なくらい神様がいるのである。

話を元に戻すと、沖縄にはウスリという単語がある。これは直訳すると「恐れ」、つまり神に対する畏怖の念である。沖縄の人々は特にこれが強い。このために、ウタキは神聖な場所だから近寄ってはいけない、という想いが発展して、ウタキに近寄ったらかかられる、という風に解釈されたのかもしれない。

あるいは、文字通りそのものなのかもしれない。

沖縄の神様は特にパワーが強いということを聞く。神様と直接対話をしたことがない私には、あまりよく分からないことでもあるが、イメージとしては、本土の神様はよくまとまっていて、火で言うとコンロのような秩序正しい炎のような気がする。これに対して沖縄の神々は、どろどろとした溶岩から噴出する、未開の炎である。管理されていない、大自然の息吹を感じさせる。もしかしたら神々も我々人間のことをよく理解していないのではないか。そんな気さえすることがある。

そんな神様が島中にいるのである。そりゃ、霊感の強い人が近寄れば、かかられまくり、ふらふらになるのも当然である。

かくいう私も、実は何度もかかられたことがある。物を書く立場の人間として、あまり言うべきことではないのかもしれないが、何度もウタキに行ってヘロヘロになったり、おかしなものを見た。

以前、国頭村にある安須森《あすむぃ》という場所に登ったことがある。沖縄の最高神キンマモンが下ったといわれている、聖なる岩山である。四人で登ったのだが、私はすでに入り口付近でヘロヘロだった。この場合のヘロヘロとは、まるで気分が酔っ払いのようになって、足取りがおぼつかず、変な声に引き寄せられるように、ついそちらにフラフラといってしまうことを指す。

私は安須森の入り口の大きな岩に、呼ばれたと思ったのである。岩は喋らない。そうなのだが、そのときはなぜか岩が喋ったと思われたのである。まだ登ってもいないのに、岩が私にこう語りかけてきた。

「上まで連れて行って」

しょうがないなあ。お前は上に行きたいんだよなあ。などと思いながら、岩に向かってヨロヨロと歩いていると、後ろで友人のHと妻が私を引き戻した。

「何してるの？」と妻が言った。

「いや、岩が一緒に連れて行ってと……」

こう書いてみると、非常に間抜けなセリフであるが、そのときは実際にそう思ったのである。別にクスリや酒を飲んでいたわけではない。私は岩に誰かがいて、上まで一緒に行きたいと嘆願していると思っただけである。

妻と友人たちに支えられて、私はなんとか上がることが出来たが、それでも一番上ではなく、祠のある中腹で休むことにした。祠で休んでいると、カラスのような黒い鳥がやってきて、祠の中に入って、消えた。カラスを探そうにも、どこにもいなかった。

そんなことが三回ほどあった。

と、しばらくして、残りの三人が頂上から降りてきた。すると、Hがこんなことを言った。

「頂上に黒い鳥がいたやっさー。でも途中で消えよったけど」

ああ、私も見た、と体験したことを語った。

「だからよ」とHは言った。残念ながら黒い鳥は、他の二人には見えていなかった。私とHだけに見えたようだった。

ここで客観的に事実を記すと、私は確かにカラスに見えたのだが、それが今となっては本当にあったことなのか、よく分からなくなってきている。一方友人Hは日ごろから霊感のある人物で、いろんなウタキに行くと、イメージがムクムクと湧いてくる人物でもある。本人は「ユタ」でも「霊能者」でもないと言い張っているが、おそらく同等の力を持っているに違いない。沖縄にはそんな人はごまんといるからだ。別に珍しいことではない。彼が黒い鳥を見て、空中で消えたというのであるから、おそらくそうなのであろう。で、彼や私が見たものが、空中で消失する黒い鳥であるならば、それは一体何なのか。どんな意味を持つのか。おそらく、そこが重要なのだろうと思うし、みんなそこで失敗するのだ。

ある人はきっと、それは何かの啓示で。神が伝えたがっているのだろうと言うだろう。

でも何を？

ある人は、きっとそれはあなたの守護霊が何かを伝えたがっているのですよ、と言うかもしれない。

でも何を？

ある人は、それはキンマモンの啓示ですよ、と言うかもしれない。

ある人は、先祖からの伝言だと。ある人は、悪いことの前兆だから、私に百万円払ったら、取ってあげるよと。

そこで人は失敗すると思うのである。俗に言う不思議な出来事など、私に言わせればいくらでもある。その出来事に対する意味づけで、人はおかしくもなるし、正常でもいられると思う。

私の導き出した結論は、こうだった。

安須森に登ったら、岩に話しかけられ、黒い消える鳥を見た。それは事実だった。

だがそれは、カート・ヴォネガットの言葉を借りて言うならば、「So It Goes.」。「そういうものだ」ということになる。

そういうものだ。

それ以下でも、それ以上でもない。

そういうものだ。

いつか、すべての事象を、そんな風に理解したい。心からそう、思っている。ということは、完全にはそう思えていない自分がいるということなのだが。

マジムン四コマ

ミミチリボーイくん

作・ミキシズ

第二部

マジムン・パラダイス考

雪崎・ユーチヌサチの拝所（119 頁参照）

マジムン・パラダイスへ繰り出そう

那覇「わかさ妖怪さんぽ」

沖縄の公民館の奇妙な仕事

少し前まで、那覇の若狭公民館で働いていた。

那覇市の公民館の中でも、若狭公民館と繁多川公民館だけは、那覇市の直轄ではなく、それぞれのNPO団体が業務委託という形で管理を行っていた（当時）。私は若狭公民館を業務委託されたNPO法人地域サポートわかさの職員として、二年間そこで働いた。

公民館、というと、みなさんはどのようなイメージを抱くだろうか。老人だけが集まる、若者とは縁のない施設というイメージかもしれないし、生涯教育という概念を知っている方にとっては、一生涯そこで学べる施設、というイメージかもしれない。それらのイメージは言ってみれば両方正しい。だが、若狭公民館は、日本中の公民館の中でも、異質であり、飛びぬけて新しい場所であった。

まず、私の本業である、いわゆる「怖い話」をする前に、普段より大きな声で、那覇市若狭公民館のことを褒めたいと思うのである。若狭公民館は、すべてがミクスチャーされた場所だった。大人と子どもが集い、老人が歌い踊り、若者が仕事について語り、地域の歴史を探訪するためにツアーを計画し、自治会の活動を支援し、キャリア教育について議論を交わしながら、アートな関係をも画策する。決して一方通行ではない、お互いのコミュニケーションの行き違いから生じる、微妙な「ズレ」さえも、うまく利用して、そこから問題提起を行っていくような場所であった。

いや別に二年間働いたからといって、お世辞を述べているわけではない。公民館で働いたおかげで、私はそれまで興味もなかったそれらの別の施設についても興味を持ち、いろいろと訪問したりして調べたのである。ある公民館では、ほとんどの活動が老人中心で、若者は入る隙もなかったり、アートに関してはまったく手付かずで、地域の歴史について も知らん振りの公民館が意外に多かった。そんな中で、若狭公民館だけは、非常に異質な場所だった。

それはもともと前島アートセンターという、アートと町をつなぐ活動を行っていた場所にいた、宮城潤館長の力に負うところが大であるのだが、興味を持った方はぜひひとも「那覇市若狭公民館」で検索してもらいたい。公民館というものに対するイメージが、天変地異のごとくひっくり返ること請け合いである。

とまあ、普段より大きな声で褒めるのはこれくらいにして、公民館であったいろんな話を最初に少し書いておこうと思う。

公民館業務というのは、そこを利用する団体や個人に関して、スムーズに利用できるようにサービスを心がけるのであるが、沖縄県の公民館の特徴として、ウガンジュを探しに来る人が、迷った際に立ち寄る場所という特徴があった。

神様や御先祖様を拝むことを「ウガン（御願）」といい、その対象となる場所をウガンジュ（御願所）、拝所《はいしょ》などと言う。沖縄にはそれが計り知れないほど無数にある。井戸や鍛冶屋、役人の屋敷の火之神、その他いろいろ。

そのなかでウタキは「御嶽」と書いて、ムラのウガンの中心である。沖縄の自然風土、精神文化の中に溶け込んだ神様がいて、「嶽」は森という意味もあり、ムラの小山全部がウタキであるとも言える。香炉などの拝む場所が二〇か所もあったりするところもある。
○△ウタキと名付けられた拝所は、いまも沢山ある。
とにかく、公民館の窓口にいると、通常の日でも一週間に一人、あるいは清明祭や旧正月、お盆のときは毎日というぐらい、「何々のウタキはどこにありますかね？」などという問い合わせが相次いだ。それにひとつひとつ丁寧に公民館の職員は答えるのだが、案外そういった場所を知らない職員も多い。なぜなら、地域ごとにウガンジュは無数にあり、それぞれに地域の神が祭られているので、とても片手間では覚えきれないからだ。

特に若狭で尋ねられたのは、こういうことだった。

「祖先が若狭村出身なんだけど、ウマリングヮーの井戸って、どこね」

沖縄の人は自分の先祖が生まれた地域の井戸に挨拶をしにいくという習慣がある。井戸は神聖なものであり、場所によっては産湯を取る井戸というものもあり、そういった場所はウガンの対象になっている。この方も、何代か前の先祖が若狭村出身で、最近身内に不幸が相次いだために、知り合いのユタから「若狭村のウマリングヮー（生まれたことについて関係のある）の井戸に行って来い」と言われたようだった。ところがそのユタは、ウマリングヮーの井戸には行けといったが、果たしてそれが若狭のどこにあるのかまでは教えてくれなかった。

これが、結構問い合わせが多かった。

問い合わせをしてくる人は、ほとんどが中途半端な知識しかなく（問い合わせをしてくるのだから当たり前であるが）、私も赴任当時はその場所がどこかよく分からなかった。

だが調べれば、いろんなものが出てくるのである。いくつか分かった事実があった。

久米~辻にかけて、もともと三つの井戸があった。ウエヌカー（上の井戸）、ナカヌカー（中の井戸）、シモヌカー（下の井戸）と、もともと三つ揃いであったらしい。探しに来る方も、ここまでの知識はあった。だがその場所や、三つの井戸のどれを拝むのかは分からない。調べてみると、これがまたはっきりとは分からない。一つだけ確実なことは、戦争で破壊されてしまったということである。

ウエヌカーは、どうやら近くの松山公園のユーナヌカーという井戸のことだったらしい。そしてナカヌカーは、もう少し西側の住宅地のあたりにあり、シモヌカーは、現在のマックスバリュ若狭店の、通称・若狭シーサーのあたりにあったという。現在あるのはユーナヌカーだけで、ナカヌカーにいたっては場所も分からない。もともとウタキがあったころは、シモヌカーのあたりは、県立若狭病院になったり、運転免許試験場になったり、そういった変遷を経て、現在は大手スーパーになっている。その裏側に、地元自治会が移転する際に設置したシーサーだけが存在している。そのシーサーが移転し再建された際に、井戸も小さくではあるが、新しく作られている。

この若狭シーサーについては、面白い話が伝わっている。現在設置してあるシーサーは三代目で、一代目は先の戦争で失われてしまった。その一代目のシーサーが設置されてあった、戦前のこと。県立若狭病院に入院していた、とあるジュリ（近くにある辻の遊女）が、そのシーサーにいたずらをしてしまった。その結果、県立若狭病院は火事になってしまったという。そのせいでシーサーは、鍵をかけた祠に安置されていた。このことからすると、かなり力の強いシーサーであったことは、間違いない。その一代目シーサーは戦争で行方不明になってしまい、戦後二代目が作られた。大手スーパーとして改築される前に訪れてみたことがある。周囲はラブホテルが建ち並ぶところで、その当時は閉鎖されていた運転免許試験場の中にあり、拝む人は自治会から鍵を借りるか、塀の外から拝むしかなかった。その後、二代目シーサーは若狭公民館に寄贈され、マックスバリュの裏側には、新しい三代目シーサーが安置されている。

もし二代目のシーサーを見たければ、若狭公民館に行くとロビーに置かれている。こんなことを言ったら罰当たりになるのかもしれないが、二代目シーサーは非常にかわいらしい。頭をなでてみると、なんだか心が休まる感じもする。現在の三代目もいい感じだが、私はこの二代目シーサーが好きである。きっと『ナイト・ミュージアム』という映画のように、夜中になると若狭公民館の中をピョンピョンとうれしそうに飛び跳ねながら、遊んでいる気がするのである。

マジムン・パラダイスなのです！

またこんな話もあった。

「『遺老説伝《いろうせつでん》』に載っている、日秀上人が建立した若狭の地蔵堂ってどこね？」

うーん、これについては那覇市歴史博物館にも問い合わせをしたが、結局わからずじまい。簡単に説明すると、日秀上人とは、補陀落渡海《ほだらくとけ》によって沖縄に流れ着いた僧侶である。補陀落渡海とは、周囲四方に鳥居を備え付け、釘で打ちつけた箱のような船の中に、三日分の食料だけを持って閉じ込め、そのまま西方浄土を目指して旅立つという、いわゆる捨て身業のひとつである。ほとんどが和歌山県の那智勝浦から出帆したと見られ、日秀上人は、現在の金武町に流れ着いたとされる。この日秀上人は、沖縄各地で妖怪や幽霊退治をしたといわれており、浦添市の経塚には、妖怪を閉じ込めた碑文も残っている。いわばゴーストハンターであったわけである。ちなみに『遺老説伝』は、首里王府が一八世紀にまとめた歴史書『球陽』の外伝である。興味深い話がたくさん収められている。

そんな日秀上人が、若狭に建立したとされるのがその地蔵堂である。だが那覇市歴史博物館に問い合わせても、先の大戦で焼失したとしか分からなかった（ちなみに日秀が泉崎に建立された那覇地蔵堂は写真だけは残っている）。

　だが、この問い合わせをしてきた方が、非常に面白い方であった。沖縄に残る日秀上人の痕跡を、一つ一つ巡っているというのだ。もちろん先ほど述べた経塚には何度も足しげく通ったし、もう一つのマジムン封じの地である、那覇市松川にも何度も通ったという。ところが、若狭の地蔵堂だけが分からないという。

　その方は、こんな自説を展開されていた。本人の承諾を得たので、書いておく。

「日秀上人は、マジムンを片っ端から封印していったわけですよ。ええ、そりゃもう、すごい数ですね。それで、実は若狭にわたくし、非常に注目しておるわけです。若狭は、変な言い方をすれば、マジムン・パラダイスであるわけです」

「マジムン・パラダイス？」私はその言い方が、妙にツボにはまってしまった。

　マジムンのパラダイス！

「そうです。牛マジムンの唐守森もある。耳切坊主もいる。近くには仲西ヘーイもいる。辻にはジュリマジムンもいる。きっと日秀上人の時代も、もっともっとマジムンがいたと思うのですよ。だったら、マジムン・ハンターである日秀が、それを見逃すわけはない。

だから、きっと地蔵堂が何らかの役割を果たしていたと思うのですよ、わたくしはね」

「ええと、だとすると、今の地蔵堂は戦災でなくなってしまいましたから……」

「そこなんですよ。問題はね。私には霊力もないし、視えもしません。でも何か感じるときがあるんです。若狭に来ると、こう、何と言うのか、力を感じるのです。正と邪、両方の力を」

その方は、歴史書片手に町歩きをしながら、老後の楽しみとして、日秀上人の痕跡めぐりをしているのだと語ってくれた。とても素敵な趣味だと思う。

ついこの前のこと、若狭のちはや書房という古書店に寄ると、その方が道を歩いているのを目撃した。目が合ったと思ったので会釈したが、気づかなかったのか、相手はそのまま通り過ぎていってしまった。

若狭の地蔵堂は、果たして見つかったのだろうか。その男性は、若狭大通りを足を引きずりながら歩いて行き、やがて陽炎の中に消えて、見えなくなってしまった。

潮渡橋の中心で「仲西へーイ!」と叫ぶ
若狭公民館に赴任して最初に受け持った講座が、「わかさ妖怪さんぽ」だった。当時、沖縄のマジムン（妖怪）を一体ずつ紹介する新聞連載をしていた私は、ぜひともそのことを講座にしなさいと、当時の下地館長に言われて、考え付いた企画だった。

　講座は二日にわたって行われ、一日目は座学として、沖縄の妖怪の歴史（？）をみんなで学び、二日目は実際に近隣のマジムンゆかりの地を歩いてみましょう、というものだった。

　ルートは、公民館近くの耳切坊主にはじまって、そこから唐守森、ぐるっと回って夫婦瀬公園、そして潮渡橋、というルートだった。耳切坊主も唐守森も夫婦瀬公園もあとで詳しく書くので、ここでは触れない。そこで起こった伝承やマジムンを、歩きながらガイドするという講座だった。

　そこで、最後に行ったのが潮渡橋であった。

　大正一五年に書かれた、沖縄学の大家、比嘉春潮による小文「沖縄本島の神隠し」によると、この橋にはとんでもないマジムンが潜んでいるという。そう、仲西ヘーイである。

　少し長いが、非常に面白いので引用してみよう。


　那覇と泊との間の潟原という塩田の間に「潮渡」という橋がある。

夜分その橋の近くで「仲西へい」（仲西やーぃ）と呼べば、すぐに「もの」にさらわれる。ムヌマイーがあると、その部落中の青年たちが手分けして捜索する。物として村里近き洞窟、森の中等を捜す。彼等は棒を携え銅鑼を叩き、「どこそこの誰々やーい、赤豆飯を食わぬか（アカマーミーメークエーヨー）」と大きな声で呼んで捜し回る。

たいていは洞窟の中に奥に向いて坐っている（横になっているのはあまりない）。たまには池の底、井の中などに坐っているのもある。二、三日中に発見し得なければたいてい餓死するが、七日位まで生きていた例もある。

発見したら、最初に左足で三度臀部を強く蹴る。これで「もの」は彼から去るのである。それから家に連れて帰る。しかしたいていは腑抜けになって、一、二ヶ月は物もいわない。

ムヌマイーした人は自分でもムヌマイーしている事をはっきり意識しているが、何物かに引き摺られるように水の上、木の梢、暗渠のような処を通っていて、村の人たちが自分を捜して大きな声で自分を呼んでいるのもはっきりわかるが、ただ口は塞がれて一言も物が言えず、また自分の方からは村の人達がよく見えるのに、村の人達は自分を見ない事があるそうだ。

私の子供の時、私のいた西原村の翁長《おなが》（中頭郡）で男だったか女だったかはっきり覚えぬが、ムヌマイーした者があった。これは村に近い洞窟で発見された（今から三〇余年前の話）。

その頃私の家に手伝いに来る稲福という男（その頃四〇歳ぐらい）の話に、彼が若い頃、ある夏村を少し離れた所に草刈りに行って、お昼頃沼で泳いでいると、何か柔らかい物が足に触れたので、一緒に泳いでいる友達と、力をあわせて引き出して見ると、二、三日前からムヌマイーで捜している村の女だった。水の中に端座の形で坐っていたのだ。引き出して尻を三度蹴ると正気づいた。その後その女は別に体に異常もなかったという話であった。

三〇年前まではこのムヌマイーがよくあったが近来はこんなことはあまりないようである。

「沖縄本島の神隠し」『比嘉春潮全集　第三巻　文化・民俗編』（沖縄タイムス社　一九七一）

こんなに克明に記されている妖怪、マジムンの記録を、私は今までに見たことがない。

ここにはない記述も、昔から若狭に住んでいる住人たちへの聞き取りから明らかになってきた。

比嘉春潮の話では、ムヌマイーされた人は、発見した人の左足で三度強くお尻を蹴り上げなければならない。だが私が近くのお年寄りから聞いた話には、この続きがあった。

「あれよ、仲西へーイはよ、かかられたら、左足でケツを三度蹴り上げるわけさ。そうすれば、ナカニシーはその者から離れる。でもよ、もし間違って右足でケツを三度蹴っていたら、ニーニー（兄さん。私を指している）どうなるか、分かるかー？」

「ど、どうなるんですか？」

「永遠に、お陀仏になるわけさ。なんまいだーだよ！」

つまり、間違った足で蹴ると、死が訪れる、というわけである。

先の比嘉春潮の小文にもあるように、昔から沖縄では、ムヌマイー＝神隠しが多発していた。神隠しは、誰が隠したのかわからないから神隠しなのであるが、この潮渡橋だけは、はっきりとその犯人が特定されている。仲西へーイである。

仲西、という名前は、現在でもよくある沖縄の名前である。でも、なぜに大城へーイでも比嘉へーイでもなくて、仲西であるのか。那覇には仲西という集落はない。仲西という姓もそう多くはない。しかし一説によると、仲西というのは、潮渡橋の造成のために生贄とされた人物の名前であるとか、この橋付近で溺れた子どもの名前であるとか、いろいろな説がある。私が聞いた中で一番納得できた説は、仲西寄留民説だった。仲西という名前は、さきほども書いたが那覇には少ない。なので、他の集落からやってきた人物ではなかったのかという説だ。仲西という集落は、那覇の隣、浦添にある。仲西姓も多いという。沖縄はムラ内の結びつきが強く、別の集落のものは忌み嫌われたり、遠ざけようとする力が働くことがある。あるとき、どこからかやってきて住み着いた仲西という人物が、結局ムラから締め出されて川で溺れるか何かして死んだのだろう。だが村人の心の片隅には罪悪の感情というものはあったので、名前を呼ぶと仲西に祟られる……、という風な伝承が生まれたのかもしれない。

とりあえず、事実は分からない。我々が知ることが出来るのは、伝承のみである。ところで、この潮渡橋であるが、ちゃんと実在している。国道五八号の、リッチモンドホテルの横の橋である。ちゃんと現在も「潮渡橋」という名前が確認できる。

比嘉春潮の伝承によると、夜分、ここで「仲西へーイ！」と呼びかけると、ムヌマイーしてしまうわけである。「わかさ妖怪さんぽ」の参加者を連れて、橋にやってきた私は、「誰か仲西へーイと叫びたい方はいますか？」と聞いてみた。すると、誰も手を挙げない。

実はその前に、元気よく「妖怪なんか怖くない！」と絶叫していた小学生の男子がいたのだが、いざ橋にやってきて、その話を聞かされたあとでは、びびって目すら合わせてくれなかった。

その日の講座には、地元のテレビ局と新聞社も加わって、まさに大所帯であった。テレビ局の撮影クルーは、見ているだけでヒヤヒヤした。狭い若狭の路地を歩く我々を、前後左右、道路にはみ出してまで、果敢にカメラに収めようとしていた。そんなテレビカメラの見守る中、「誰か叫びたい方はいますか？」の掛け声に、冷や水をかけたように沈黙する参加者たち。

実は案として、全員で「仲西へーイ！」と叫ぶのはどうかとの声もあったが、これは却下された。理由は、もしそこで叫んで、参加者に何かあったら、どう責任を取るのか、ということが問題となった。つまり、ここにかかわる人、参加者、実行する側が、心のどこかで仲西へーイを「信じている」ということである。

そこで、仕方なくというか、当然のごとく、この講座の言いだしっぺである私が責任を取らされることとなった。

「誰も叫びたくないんですね？　もしかして叫ぶと良いことがあるかもしれませんよ！」とさらに誘っては見たものの、一向に誰も叫ぶ気配がない。仕方ないので、夕暮れの橋向こうに向かって、私は大声でこう叫んだ。

「なっかにっしへーイ！」

当然であるが、何事も起こらなかった。続いて、マジムン編集者・新城和博さんも続いて「なっかにっしへーイ！」と叫んでしまった。というか、叫ばされてしまった。この模様はローカルニュースで流されて、私は相当こっぱずかしい目にあったので、新城さんもきっとこっぱずかしい目にあったものだと思われる。

だが、それは終わりではなかったのである。始まりであった。

帰り道、歩いている私と新城さんの肩を、誰かが「トントン」と叩いた。振り向くと、当日の参加者で一番高齢だった七六歳のオジイがたたずんでいた。

「あんたたち、あれよ、三日後よ。ナカニシーがさらいにくるのはよ」

オジイは、そんな恐ろしいことを「ゴーヤーチャンプルーには油をいっぱい入れたほうがいいよー」とでもいわんばかりの気軽さで、我々に告げたのである。当然、私と新城さんの足取りは止まった。

「まさかね」と新城さんとは「え？　我々のことを指しているの？」とでも言わんばかりに、うわずった感じで言葉を交わした。まあ、何かあればネタにはなるから、それで本を書こうとかいう話にもなった。怪談作家と怪談編集者、仲西へーイと叫んだ後に、謎の失踪。まあまあおもしろい内容だった。でも我々二人がいないのに、誰がそれを記事にしたり、本にしたり出来るのだろう？　そんなことをうだうだ考えながら、三日間を過ごした。

結論は、何もなかった。まあ、今のところは。


後日談。

その後、古地図と記録を照らし合わせて、実際の大正一五年当時の潮渡橋は、もっと美栄橋寄りにあったことが判明した。なので、実際には現在の潮渡橋は正確な場所ではないのである。もし正確な場所を確定できて、そこで「なっかにっしへーイ！」と叫んだら、どうなるか。それはまさしく、神のみぞ知る、である。

ミートゥジーの間をぬって

若狭、という地名は本土にもあるが、なぜか那覇市の西側地域にも存在している。おそらくその昔、本土からの商人たちが沢山いたおかげでそのような名前が付いたと思われるが、宮城真治さんの『沖縄地名考』（沖縄出版）によれば、若狭は久米や辻や波上など、いろんな地域に分かれていることから、方言の「ワカシー（分かれている）」からそう名づけられたという。もしかしたら沖縄の人が「ワカシー」と呼んでいるのを聞いた本土出身者が、

マジムン四コマ
ミミチリボーイくん

ここは潮渡橋…
ナッカニッシヘーイ
ナッカニッシヘーイ
ナッカニッシ ヘーイ
ナッカニッシヘ〜イ
しおわたり
……
ミーミチーリヘーイ…

作・ミキシズ

自分の国の若狭と発音が似ているということで、若狭と呼んだのかもしれない。

そんな若狭の市営団地のすぐ横に、夫婦瀬公園というものがある。夫婦瀬は方言でミートゥジーと読むのだが、この公園に入ったものは、そのハンパない異界感に圧倒されるかもしれない。

公園の中には、遊具らしきものはほとんどなく、あるのはあまりにも巨大なごつごつした岩の塊である。キノコ型の、いわゆる「ナパ岩」と呼ばれるものが、怪獣のように鎮座している。実はここは昔、海だったのである。埋め立てで地上になったが、突き出た岩礁だけが残り、このような形になっている。

余談だが、キノコをあらわす方言のナパがなまって、現在の那覇という地名の語源になったという説もある。もうひとつ、漁場を表す「縄場（なわば）」がなまって那覇になった、という説もあり、どちらが正しいかは文献、伝承によってまちまちであるから確定的なことはいえないが、とにかく那覇の大半がもともと海だったというのが、これらの伝承から読み取れる。この公園は戦後埋め立てられて出来たのだが、そのことがよく分かる場所である。

そして夫婦岩というと、読者は伊勢神宮の近くにある有名な岩を想像されるに違いない。男岩、女岩があり、しめ縄が渡された、あの場所である。かくいう私も小さな頃、初日の出を見に行ったことがある。

だが沖縄の夫婦岩の意味は、まったく違うのである。ここには、こんな伝承がある。

昔、仲の悪い夫婦がいた。毎晩喧嘩ばかりして、夫は妻を顧みず、妻は夫に嫌気がさしていた。そのため、この夫婦を元に戻らせたいと願う人々が、ある夜二人を呼び出して、船に乗せてこの岩の上まで連れて行った。二人はいきなり何もない岩の上に連れて行かれた上に、波が激しく打ち寄せ、危険なことこの上ない状況に置かれてしまった。そこで岩の上でいがみあっていても埒があかないと感じた二人は、お互いに優しさを発揮して、朝になって迎えが来る頃には、すっかり仲よくなっていた。それ以来、仲の悪い夫婦がいたら、この場所に夜連れて行けと、そんな話が広まった。

以上の話は、沖縄演劇にもなったりして、沖縄のお年寄りなら誰でも知っている話である。実は沖縄各地にも同じような話が残っており、夫婦岩というものも、何か所かに存在している。

過酷な状況に置かれると、人は優しさを発揮して、それを乗り越えていくという、人間に対する希望的な見方が色濃く反映された物語だが、たしかにろうそくと行燈しかなかった時代、真夜中に岩礁の中においてけぼりをされるということは、かなり危険な状況であったはずだ。離島の浜辺で一晩キャンプしたことがあるが、まさに漆黒の闇で、一メートル先も見えなかった。話としては、本当かなあと思うけれども、もし実際にそんなことがあったなら、あるいは仲直りしたのかもしれないと思わせるような話ではある。

そんな由来を持つのが夫婦瀬公園である。歩いていくと、岩礁の中をすり抜けていく感覚が、妙に癖になったりするワイルドな感じの岩礁公園なのだが、あるとき、近くに住む別の自治会の会長さんから、こんな話を伺った。

「小原くん、あんた怪談書いているんだってね。新聞によ、連載してる、あれ」

「はい、毎週書いています」

私は地元の小中学生新聞に、怪談や民話などの不思議な話をここ数年毎週書いている。この自治会長さんは、それをよく読んでいてくださっていた。

「小原くんよ、あんたあそこに行ったかね。市営団地の横の」

「ミートゥジーですかね？」

「そうそう、あそこのこと、書けばいいさ」

「あれですよね、仲の悪い夫婦がいて、夜中に仲人か親戚かに呼び出されて、気がついたら闇夜の岩礁の上に乗せられて……」

「ちがうさ。それは沖縄の民話の世界やさ。あそこはよ、実は首吊りが結構ある場所だからよ……」

まじですか？　なぜかそこで、自殺される方も多いのだという。

どういう方法かというと、突き出た岩礁の先端にロープを引っ掛けて、首を吊るのである。木の枝にロープを引っ掛けるのは誰でも考える自殺方法だが、ここでは岩がその役割を果たすらしい。巨石のおかげで外からは遮断された空間になっている場所が多く、おそらくそういった理由から自殺者はこの場所を選択するのだろう。

またひとつの岩の上には、拝所が設けられている。

あとで詳しく説明するが、沖縄では巨石は、拝所になっている場合が数多くある。それは岩自体を神としてあがめるというよりも、神が現れる場所として、一種のランドマーク的なものであったのだろう。もちろん中にはビジュルといって、セジ（霊力）の宿った石や岩も存在するが、どうも夫婦瀬公園のナパ岩は、そういった霊力の宿る岩ではないらしい。

また、沖縄の海の近くには、必ずといっていいほど拝所がある。それらの多くは龍宮神、水神、弁天様などであるが、ここにもご多分に漏れず弁天様の拝所があり、辯天負久知姫神（べんてんよくちひめかみ）と記されている石碑がある。この石碑は、実は最近建てられたもので、上に巴が二つのマークが入っている。この「二つの巴マーク」については、おいおい出てくるのであるが、実はこんないきさつがある。

ある日、沖縄の某宗教団体の方が、現在のウタキはみんな場所が間違っているという啓示を受けた。そこで自身のセジと『琉球国由来記』などの古の文献をもとに、正しい場所にウタキを作ろうという事業を始めた。

そのおかげ（せい？）で、県内には教育委員会や村の自治会などが建てた、いわゆる正史的な石碑と、そうではないごく最近建てられた石碑が数多く混在する。この某宗教団体の場合は、巴二つが目印なので分かりやすいが、団体ではなく個人が建てた場合などは、まったく記名すらなされておらず、ひどいカオス状態である。最新ウタキ事情に触るのは、いろいろな意味で面倒くさい、といわれるゆえんである。

さて話を元に戻すと、この岩の上にある拝所がいつからあるのか、おそらく一九六〇年代ごろだといわれているが、正直定かではないのだ。これとは別に公園の隅にあるウタキは、昔からあるものだとされている。ここには二つの巴マークの碑文はない。

どちらが正しいのか、という問題は、私には解決できそうにない。

さて、この公園を後にして、海に向かって左方向に歩いていくと、今度は別のものに遭遇する。

ユーチヌサチの残念な物語

しばらく歩いて、若狭海浜公園のトイレの横に拝所がある。そこには案内板もあるので、すぐ見つけられる。そこはユーチヌサチという名前がついている。

「雪崎」と書かれるが、これは後からの当て字らしい。ユーチヌサチは「小さな斧の形をした崎」という意味である。小さな斧（ユーチ）の形をした崖だったので、そう呼ばれているのである。ただし、中国の冊封使の記録でも「雪崎山（せっきざん）」と呼ばれており、なぜ雪の降らない沖縄に「雪」という字が当てられたのかは定かではないが、景勝地としては昔から有名であったようである。

那覇市に美しい景勝地が？　冊封使さえ感嘆させた、そんな景勝地なら、絶対に残っているはずでしょう。とみなさんは思うかもしれないが、残念至極極まりない事実がここに存在する。

沖縄戦でこの一帯は焼け野原になり、戦後、米軍が管理し、一般住民は立ち入り禁止であった。住民に返還された後の一九五一年から始まった泊港北岸の埋め立て工事に、大量の土砂が必要になった。その土砂をどこから持ってくるのか、という問題になった。そこでなぜかユーチヌサチが選ばれて、崖一帯をダイナマイトで破壊して、埋め立て工事用の土砂に使うということになった。現在残っているのは、その突端にあったとおぼしき拝所跡だけである。私なぞは、この話を聞いて「あああ……」と落胆したものである。

この「あああ……」というつぶやきは、以降何度も繰り返して、私の内部から溶岩のように、逆流性食道炎のように、鎌首をむっくりもたげてくるのであるが、要するに後先考えずに、昔からの遺産を片っ端から壊していくという、その方向性に私は反対なのである。沖縄の発展のためには、多少の破壊は許されるという考え方。文化遺産といいつつ、実際、遺産扱いされていない遺産が数多く存在することも問題である。もし現存していたら、それだけで観光客を呼べたと思うと至極残念である。ここもそんな感じの場所である。若狭海浜公園として、近隣の住人たちの憩いの場にはなっているが、もし美しい景勝地が残っていれば、もっと地域は潤ったはずである。

ところで、このユーチヌサチに関しては、もし訪れたならば、ぜひともすぐ近くの那覇市若狭公民館に立ち寄っていただきたい。二階ロビーに一枚の絵がかかっている。
もう亡くなってしまった画家の野津唯市さんの描いた「アカチラバルとユーチヌサチ」という、とてつもない迫力を感じさせる絵が存在している。アカチラバルというのは、ユーチヌサチの近くに広がっていた広大な野原のことで、野津さんが、アカチラバルから見たユーチヌサチの風景が克明に記録されている。もはや正確な地図も写真さえも残っていない。過去を垣間見るためには、この巨大な絵画が何よりの助けとなる。

ユーチヌサチには拝所があることはさきほど書いた。少し階段を上った先に石碑があるのだが、二〇一六年現在、それは割れて、半分になっている。これを割ったのは、とある個人だと聞いたことがある。話だけで証拠はないので、詳しくは書けないけれども、理由は「前からあった場所とは違う場所にウタキを建てている」というので、怒りのあまり、碑を壊した、というのだ。

拝所は、先ほど、宗教団体や個人（ユタ含む）によって、新しく建てられると書いた。それと同じく、宗教団体や個人（ユタ含む）によって、いとも簡単に壊されてしまうのである。理由は？　神を見ることができる人が「ここに神はいない。一メートル東側だよ」といえば、それが神託となってしまうのである。そういった理由で作られた、もしくは壊された拝所は無数にある。何も土地開発だけで、拝所は壊されるのではない。そういった側面も知っておいてもらいたい。

唐守森とマーロン・ブランド

そこから少し歩くと、唐守森《トウマムイ》という場所がある。

みなさんはマーロン・ブランドが主演した『八月十五夜の茶屋』という映画をご存知だろうか。民主主義を推し進めようとする米軍と、当時の占領下にあった沖縄の人々を描くコメディ映画で、ブランドは通訳のウチナーンチュ・サキニという人物を演じ、終始珍妙な日本語を喋りまくっていた。日本からは京マチ子や多数の日本人エキストラが出演しており、かの映画評論家でもあった淀川長治さんもちらっと姿を見せている。その原作を書いたのが、戦後すぐ沖縄で区域監督官を勤めた米軍人だったヴォーン・スナイダーで、彼が小説のモデルにしたのが、沖縄で料亭松乃下を経営していた、上原栄子さんという人物だった。

上原栄子さんは、辻という遊郭でたくましく生き延びてきた素敵な女性で、彼女の書いた自伝『辻の華』（時事通信社）に詳しいので、そちらをぜひとも買って読んでいただきたいのだが、この料亭松乃下のあった場所（現在は老人ホームとなっている）のすぐ横にあるのが、唐守森という場所である。

　唐守森を知らなくても、料亭松乃下の場所はどこですか、と聞くと、地元の人に必ず教えてもらうことができるほど、そこは有名なのであって、知っていて損はない。ついでにいうと、スナイダーの『八月十五夜の茶屋』は読まなくてもいいが、上原栄子さんの『辻の華』は何が何でも読んでおいたほうがいい沖縄本のひとつだろう。

　さておき、唐守森である。昔はかなりの広さがあったそうである。米軍に占領された際に半分以上重機で削り取られたという話も聞いた。また付近一帯が辻という遊郭であったためか、それにまつわるいろんな伝承も残っている。

　唐守森という名前は、久米三十六姓にもとづくといわれている。昔は辻から久米周辺には、中国からの技術者移民集団が住んでおり、彼らのことを久米三十六姓と呼んでいた。その人たちが、ふるさとと中国を望んで拝んでいる場所なので、唐を守る森という名前がついたようである。その後、このあたりは人が多く住むようになったので、現在では辻村跡《チージムラアト》とも呼ばれるが、ここではもっと古い呼び名の唐守森で統一することにする。（ちなみに久米三十六姓という呼び名は、別に中国移民の三十六の家系のものがいたというわけではなくて、三十六というの

は中国では「沢山いる」という意味らしい）

琉球王国時代に王府が編纂した『遺老説伝《いろうせつでん》』という、当時の沖縄の不思議な話や民話伝承を収めた、いわばびっくり箱的な本があるが、その中にこんな話が載っている。

久米村の唐守森の付近に、中国の久米三十六姓の子孫で鄭大夫《ていたいふ》という空手の達人が暮らしていた。ある夜、大夫の妻が家の外から夫の名前を呼ぶ不審な声を聞いた。「鄭大夫よ、鄭大夫よ」と呼びかけるその声に、大夫が外に出てみると、そこにいたのは巨大で赤い目をした牛であった。その牛が猛烈に攻撃してきたので、空手の達人は牛の角をがっきと捕らえ、朝まで岩に押し付けて、微動だにさせなかった。やがて日差しがあたりに差し込む頃、自分が岩に押し付けているものを確認すると、それは沖縄で死人を運ぶ古びたガンに変化していた。

この話にはいくつかポイントがあるので、ひとつずつ見ていこう。

まず、赤い目の牛であるが、これは一般に沖縄では牛マジムンと呼ばれている。簡単に言うと牛妖怪である。ガンというのは、家で死んだ人を、そのままお墓まで運ぶ移動式箱易棺のことである。本土の人が見たら、きっと朱色の神輿に見えるかもしれない。これは木製で、何度も繰り返し使用されるため、だんだんと汚れてきたり、朽ち果ててきたりする。すると「ケガレ」が生じてくるため、使い古されたガンはユタかノロの監督のもと、燃やされて処分される。燃やされないガンはそのまま化けて出て、たいていは牛マジムンになるのである。

事実、この近くにはガンを置いておく、通称ガンヤーなるものがあった。ガンヤーは、死者を運ぶガンを置く場所として、やはりケガレが生じるので、当時の心霊スポット的な扱いだったようである。ガンヤーにマジムン（妖怪）が出ないようにと、ガンヤーの方向に向けて魔除けのシーサーが安置されることが少なくなかった。シーサーについては後述するが、昔はペアで存在していたわけではなく、あれは戦後の風習であって、もともとはシーシー（獅子）といって、一体だけで村を守っていたものなのである。

現在の唐守森は、こじんまりとまとまった丘になっている。横には辻開祖の墓があり、そこは後で詳しく書くとして、階段をそのまま上っていくと、うっそうとした森になり、まず右側に拝所が現れる。ここが唐守森の由来とする、久米三十六姓の方が拝んだ拝所のようである。そのまま上に上ると、隣の老人ホームの目新しい壁に突き当たるが、そこに小さな祠が建った岩が存在している。

現在もヒラウコー（沖縄線香）が供えられていたりする、いわゆる「生きている拝所」なのであるが、その岩こそが、鄭大夫が牛マジムンを朝まで押し付けていた、いわゆる鄭大夫岩であるとされている。まあ真実は定かではない。本当に牛マジムンがいたのかどうかさえも、現在のわれわれには証明できない。しかしそういった史実のためか、このように拝所として残っているのかもしれない。

で、ここでひとつ重要な問題がある。鄭大夫岩のすぐ下に、どうみても龍神か蛇の像が見えるのである。

あるスピリチュアルアドバイザー的な方は以前、私にこう教えてくれた。

「これは、ある高名なユタさんが、ここに偉大な龍神様がおられるといわれたので、そのために安置されたらしいです。そうです、ここは龍宮神なのです」

ほほお、そうなんだー。当時の単純な私はそれを鵜呑みにして、信じてしまった。

そしてロクに調べもせずに、「あそこには龍神様がいらっしゃって」などと、さも真実を語るかのように、知り合いに対して吹聴してしまった。

ところが、である。この場所をいろいろ調べると、これがとんでもない嘘八百であることが分かった。この龍は、よく見ると口の中に灰色のパイプが通されてあり、中に水が通るようになっているのだ。龍神様なのに、どうしてこんな庭の装飾品みたいなことがなされているのだろう？　そして住人の方に根掘り葉掘り聞いてみると、こういう事実が分かった。

　この龍神というか、蛇像は、もともと隣の料亭松乃下の庭園に、装飾としてあったものらしい。それが松乃下が閉ざされたあと、この場所に持ってこられたらしいのである。岩はどうやら拝所となっており、鄭大夫岩に間違いはないようなのだが、ここが龍宮神であるというのは、間違いのようだった。

　後日、私はそのスピリチュアルアドバイザーの方とお会いしたときに、その事を伝えてみた。

「○○さん、あそこって、龍宮神ではなかったですよ。あれは料亭松乃下にあったオブジェをそのまま持ってきたようですよ」

「そうですか。でも関係ないですよ。きっと龍神様が、自分がいることを形として現したくて、あれを持ってこさせたんですよ」

　まあ、そう言われれば、反論したくても出来なかった。事実、私はそこにいる龍宮神と話も出来ないし、見えもしないわけだ。もしかしたら彼の言うことが正しいかもしれない。龍神様だって、「いるか、いないか」といわれれば、私は「いる」という方に賭けてみたい。

私の持論は、「神様は、いるか、いないか」という証明は無意味で、その人が信じていることがひとつの証明になる、というものである。しかし、間違ったものを信じている場合は、他者もしくはほかの神を否定したり、自分だけを信じろ、他はクソだなどと言い出したりする。

だから、そのスピリチュアルアドバイサーの言うことが、正しいか正しくないかにおいては、なんとも言えないのである。でも、事実に即して、これだけは言える。あれは絶対に龍神として作られたモノではなくて、料亭松乃下の庭園のオブジェとして作られたモノであると。そこに龍神はいるかもしれない。もしかしたらいないかもしれない。でもあの龍の像は、オブジェなんですよ。口から水をずっと吐き出していた、庭の装飾品なんです。

事実は流布された噂よりもずっと単純である。

辻の開祖

唐守森一帯は、現在は沖縄でも有数の歓楽街となっている。ラブホテルや風俗店が建ち並び、昼間でも客引きから「兄さん、遊びましょうよ」としょっちゅう声をかけられる始末である。

この場所は、戦時中に「那覇市十・十大空襲」として知られる爆撃の際に焼失するまで、遊郭が四百年以上も続いてきた場所であった。いわゆる、辻《チージ》である。四百年ってどんなよ！

つまりは単純計算でも一七世紀初頭には、すでに遊郭がこの場所にあったのである。だが遊郭と一口にいっても、単なる売春窟、いわゆる赤線地帯とは一線を画する何かがあったようである。遊郭で働く女性はジュリと呼ばれ、男性を喜ばす性的なテクニックとは別に、歌や三線、料理、生活様式やしきたりなども厳しく教えこまれていたようである。なのでジュリのことを詳しく知っている方にとっては、ジュリは決して売春婦などではないし、芸者とも違うのである。辻の文化を作り上げてきた、芸能者集団のようだったのだろう。

かといって、やはり男性を喜ばすという点においてはそれ相応のことをやってきたわけだし、それによってさげすまれ、誤解されてきた歴史は否めない。

もともと琉球王朝が中国からの使者を接待する目的で、この場所に遊郭が作られたという伝承がある。だがさきほどの唐守森には、辻開祖の女性とおぼしき人物の墓が四つあるのだ。

伝承によると、辻を開いたのは四名の女性。一人は王女であったウミナイビ。そして従者なのだろうか、ウトゥダルヌメー、マカドカニヌメー、ウミチルヌメーの名前が見える。

これについては、何パターンかの伝承がある。

ひとつは、王女ウミナイビが、琉球王朝にいたときに何者かによってこの地に連れてこられ陵辱されてしまい、城に帰れなくなって、この地にとどまったという説。この「陵辱された」が、誘拐されたとか、王ではない別の男性の子どもを孕んだためであるとか、いろんな枝葉がある。

沖縄学の大家、伊波普猷の「ずりと称する遊女」（『伊波普猷全集　第七巻』）では次のような口碑を記している。那覇の石門《いしじょう》というところに「乞食王《くんちおう》の墓」といわれる、第二尚氏・尚真王の世子の尚維衡（浦添朝満とも呼ばれる）の妃の墓がある。尚維衡は幼いころ計略にはまり死刑に処せられるところを、那覇の豪族・花城《はなぐすく》親方に助けられ、後にそこの婿になった。尚維衡は浦添城に隠遁し、そのお妃は死後、遺言により生家の近くの墓に葬られ、侍女たちが墓守となった。そのなかには癩（ハンセン病）を煩って乞食になったのがかなりいた。それで「乞食王の墓」とよばれるようになったという。その近くの龍界寺には品行の悪い僧侶がいて、近所の辻蔵というところに女郎部屋を作って金儲けをしていたが、例の墓の侍女たちを誘拐し、その辻蔵で強制的に働かせたという。

またほかに別の説もあり、龍界寺の住職は大変良い人だったという伝承もある。その証拠を示す石碑もあるので、一概にどれが正しいとは言いづらい。

その住居跡は、唐守森の横にあって、マンションの敷地の裏側にある拝所として残っている。伊舎堂御嶽と呼ばれているのが、その場所である。その向かいの個人の駐車場内には、彼らが使ったとされる生活の井戸があり、ここも拝所となっている。

事実がどれにしろ、おそらく先にあげた四人の女性は、何らかの形で辻の始まりにかかわっているのだろうということは推測される。今では小さなこんもりとした森であるが、当時はもっと広く、うっそうと茂った森であったはずだ。街灯などない時代のこと、この場所はよくマジムンが現れるといわれており、夜七時過ぎには、辻の遊郭もすべての部屋の扉を閉ざし、誰も歩かなかったそうである。牛マジムンのほかにも、借金のかたに売り飛ばされてこの地で死んだジュリの無念さがつまったお化け、ジュリマジムンや、豚のお化けであるワーマジムン、さらに一〇センチくらいの子豚が集団で襲いかかるギーギーウワーグワーなど、枚挙にいとまのないくらいの、怪異談のオンパレードである。

そのような地で、四人の女性は何を想い、どんな生活をしてきたのだろう。あまり幸福な生活ではなかったはずだ。その彼女らが、おもてなしをして生計をたて、巨大な遊郭を作り上げたというのは、実に尊敬に値することである。

ウチナーグチでおもてなしを意味する言葉で「ウトゥイムチ」というものがある。現代の沖縄でも「世界の人々をウトゥイムチしましょう！」などと声高に叫んでいるが、その語源はここ、辻なのである。辻で客をもてなすことを「ウトゥイムチ」と呼んだ。もしかしたらそこにはモラルに反することもあったかもしれない。しかし私はそんなこと、どうでもいいのではないかと考える。神とおもてなしと人間の欲望とマジムンと芸能が渾然一体となった場所。チージ。なんて素敵な場所なんだろう！　唐守森を訪れるたび、なんかそんなことを考えてしまう。

あ、何度も言うけれど、あの龍はオブジェですよ。念のため。

龍界寺の坊主、神になる

その辻の開祖にかかわるとされる龍界寺について、最後にこんな話があるので紹介しておこう。

辻のはずれ、さらに西側。ラブホテルやボウリング場、ガソリンスタンドなどに混じって、三文殊《サンモンジュ》公園という場所がある。唐守森からも歩いてすぐの距離である。一八世紀頃に、程順則《ていじゅんそく》（学者、教育者）、蔡温《さいおん》（政治家）、山田親雲上《やまだぺーちん》（士族）の三偉人が、琉球のことについてこの丘の上で語り合ったといわれていることから、そのように呼ばれている公園である。本当にこの琉球三偉人が、都合よくこの丘で琉球の未来について話をしたのかはいささか疑問なところがあるのだが、まあそれはこの際ひとまず置いておく。三人そろえば文殊の知恵そのままの公園なのだが、中程に小高い丘があり、そこに拝所が存在している。そこの拝所には、沖縄でも珍しい「坊主神」という名前の碑が建っている。方言で発音すると、ボーズガミではなくボーヂガミとなる。

この公園から少し離れた場所に、くだんの龍界寺があったとされている。そこの住職は大変良い僧侶だったという（さきほどの伊波普猷説を根底から覆すけれども）。この近辺には、辻の開祖ウミナイビがライ病（ハンセン病）にかかって死にかけているときに、この住職が助けたという話が残っている。売春をさせたとか、助けたとか、いったいどっちやねんと突っ込みたくなってしまうが、この説の面白いところは、ここからである。辻の開祖を助けたということで、死後その住職の墓は「坊主神」として、龍界寺の中にあって拝みの対象になっていた。子どもたちもその墓だけは奇麗に掃除したり、一日《ついたち》、一五日《じゅうごにち》のウガミ（拝み）の日には、かならず参拝する場所だったようである。だがすべてを地獄のように焼き払った沖縄戦でそれも焼失。長年坊主神の拝所は存在していなかった。その後、一九七二年に現在の場所に移築されて、現在に至るという。

訪れれば分かるが、この小山もごつごつしていて、若狭の夫婦瀬公園の岩のように、ここもまたかつて海であった。「坊主神」という碑文が、「坊主」＋「神」の言葉の響きとともに、忘れられない迫力を持って、見るものの心に訴えかけてくる。

周囲はほとんどラブホテルであるこの坊主神は、現在の沖縄に一体何を訴えかけているのだろうか。この坊主は悪人か善人か、どちらだったのだろうか。ほとんど焼け野原になってしまった那覇市で、歴史の記録を探すのはもはや不可能になってきている。残るのは伝承、語り継がれた言葉の記憶だけ。判断は未来に生きる私たちがすべきことである。

いつしか、現代の沖縄の政治家や実力者たちが、再びこの公園の上で鼎談する日が来るのであろうか。その結論が明るい未来であることを、祈るばかりだ。

ぜひ機会があればみなさんも辻や唐守森や三文殊公園を訪れてもらいたい。すでに失われてしまった何かが、もしかしたら訪れるあなたの心を撃つかもしれない。撃たれた後は、きっと何かが変わっているはずだ。そう願う。心から。

唐守森の龍神のオブジェ。右下にいる

坊主神の碑、ラブホテル街のはずれの公園にある

怪獣「ガーナームイ」と人柱「ナナイロムーティー」

漫湖界隈

怪獣か？　クジラか？　ガーナームイの謎

沖縄にも、怪獣はいた。沖縄で怪獣というと、ゴジラ映画に出てきたメカゴジラやキングシーサーが思い浮かぶ。だがあれは所詮空想の産物である。果たしてそんな怪獣が沖縄にいたのかどうかについては、我々は伝説の貴重な一ページを紐解くしかない。

怪獣であるからには、でかくて、人や集落を襲い、この世の動物とはかけ離れた姿をしていなければならない。沖縄にもマジムン伝承は数あれど、おそらく真の意味で怪獣と呼べるものはこいつしかいない。それがガーナームイである。

ここにある伝説は、子どもなら胸がワクワクするような、スペクタクルな物語である。

その昔、動き回る島のようなガーナームイという怪物がいた。口からは魔風といって、今で言う毒ガスのようなものを吐き出したり、真玉橋と嘉数の集落の人々を襲っては喰っていた。そこで、ふたつの集落のものたちがノロを通じて神に嘆願したところ、その暴れっぷりを見ていた神が、天から三個の岩を落として動けなくした。だがそれでもガーナームイの口からは、魔風が吐き出されて数多くの人々が犠牲になったので、それを押し返すためにふたつの集落には、魔除けのシーサーが置かれることになった。それからは、ガーナームイの脅威にさらされることはなくなったという。

と、いうのが話の顛末だが、この「動けなくなったガーナームイ」が、そのまま現代の那覇市に存在している。奥武山公園の向かい、商業施設と小禄高校にはさまれて、こんもりとした山が見える。ちょうどモノレール奥武山駅のすぐそばである。これが、ガーナームイと呼ばれる場所だ。たんこぶの森、という意味を持つ。外見は、まさに小山という感じである。木々が生い茂り、一番上まで行くには急勾配の斜面を登る。雨降りの後などにはなかなかハードな勾配の箇所もあるので、足の弱い方などにはお勧めできない。那覇市教育委員会の立てた案内板によると、この付近一帯はもともとは海で、のちに埋め立てられて今のような陸続きになったようである。また尚敬王の冊封副使だった徐葆光《じょほうこう》（一七一九年来琉）も、「漁舟夕照」といって、那覇港から国場川河口付近の情景を褒め称えている。また李鼎元（一八〇〇年来琉）という冊封副使にいたっては、その詩の中で「鶴頭山」という言葉を使って、ガーナームイを表現している。

まあ、昔から美しい景勝地だったのだろう。今まで残っているということが、ユーチヌサチとの決定的な違いではあるが、それにしても動き回る島が人を食う。しかも口からは毒ガスを吐き出す。なんてこった！　これはまさに怪獣ではないか！

以前、このガーナームイの聞き取り調査を行った論文を読んだことがある（「ガーナームイ　沖縄・豊見城の伝説いくつか」中村史『小樽商科大学人文研究』第一〇七）。それによると、話をしている人はみなここを「怪獣のよう」と呼んでいるのである。

また魔風を押し返すために立てられたといわれるシーサーは、現在も真玉橋と嘉数の集落に存在しており、『豊見城村史』（一九六四）によると、毎月の一日と一五日には、シーサーに赤い饅頭を三つお供えして、「ガーナー森（悪魔）がこの村にきたら追い払ってください」と祈願する習慣があったことが書き記されている。

また一説によると、それらのシーサーは、神が天から落とした岩から削ったとも言われているが、おそらく最初はそうであったかもしれないが、現在のシーサーは紛失もしくは盗難にあったのか、そうではないともいわれている。

ガーナームイに行くと、頭が痛くなるというユタの人を何人か知っている。

もし伝承が本当なら、ここは単なる小山ではなくて、怪獣を封印した場所なのである。そして封印の証は、真玉橋と嘉数にある二対のシーサーである。頭ぐらい痛くなってもおかしくはない。

ここにも単純に確認できるだけで三か所、拝所がある。

まずは入り口から見て左側に回った小山の下部。そして頂上部分には二つ。そこには石碑に巴が三つと巴が二つ書かれた別の石碑がある。いわゆる琉球王朝の正式な紋章は巴が三つなので、二つは別のところのものだといえる。ここは確証はないのだが、おそらく某宗教団体が立てたに違いない。でも前に言ったように、宗教団体だからといって、それが間違いであるかといえば、あながちそうではないような気もする。それぞれの石碑は約三メートルほど離れているが、そのどちらに正式な神がいるのか、私には分からない。だが一度一緒に訪れたユタさんは「別々のカミが祀られている」と言っていた。

そうなのかもしれないし、違うかもしれない。ただひとつ分かることは、頂上は結構気分の良い場所である。都心部の中の、大自然の息吹と古代の信仰が残る場所。それだけでも、十分な気がするのは私だけだろうか。

このガーナームイに関しては、いろんな由来説のようなものがある。

まず名前のガーナーは、私は、おそらく「たんこぶ」という意味が一番正解に思えるのだが、ここが島だった時に、沢山のガチョウ（方言でガーナー）がいたので、そう呼ばれたとする説もある。あるいは巨大な鯨だったという説もある。

鯨説には面白い話がある。これはある日打ち上げられた、巨大な鯨の死骸だったと。腐ってきてひどい臭気を放つので、だれかが蓋をするために三つの岩を上に置いたのだとか。うーん、これはこれで、現実に起こった物語を、尾ひれをつけて伝承に変化させたのだと思えば、あながち分からない話でもない。でもこれが鯨であっては、困る。少なくとも、私は困る。その説にはロマンがない。「怪獣ですか？　ええ、結局、腐った鯨だったじゃありませんか」と反論している懐疑論者のあなたの顔が目に浮かぶ。その鯨の死骸の上に置いた岩の上を、長い年月かかって堆積した土砂がこんもりと巨大化し、たんこぶのような形になり、ガチョウが群れる美しい場所になったのだと。

野村ハツ子さんという元学校の先生で長年個人文庫活動をされた方が書いた絵本に『ガーナー森とオバー岩』というものがある。この絵本でもガーナームイは鯨として描かれている。まあ鯨説はうんぬんとして、楽しい絵本であるので、見かけた際にはぜひともご一読願いたい（マジムン編集者の新城さんは、野村先生の小学校時代の教え子だそうだ！）。あるいは拙著の『琉球妖怪大図鑑』には、三木静さんの恐ろしいイラストのガーナームイも見ることが出来る。自分の本なので完全に宣伝になってしまうが、こちらのほうも面白いので、せひともご一読を願う次第である。

怪獣を封じるシーサー、もしくはシーシ

このガーナームイを封印しているシーサーは、現在《いま》も存在している。新造された真玉橋の近くにあるイリヌシーサーである。ガーナームイの方向に睨みを利かせ、伝承が徐々に力を衰えていく現代にあっても、しっかりと呪術的なパワーを保ち続けている。ちなみに真玉橋にはもうひとつ、目玉が青銅で出来ているアガリヌシーサーが集落内にいる。これは国場のカラヤームイからの風難を防ぐためだと言われている。

ここでシーサーについて簡単に振り返ってみようと思う。

シーサーといえば、沖縄の伝統的なガジェットのひとつである。今では沖縄といえばシーサー、というぐらい、南国沖縄を表すアイコン的なものとなってしまった。国際通りの入り口や家の屋根にもあって、二つで一対になっているものが多い。

でもこれは戦後広まったシーサーであり、本来は一体だけで置かれるのが普通だった。

最近のもののように、口を開けたものと閉じたもの、などという概念もなかった。ほとんどが集落の入り口、もしくは縁起の悪い場所、マジムンの潜んでいる山などに向けて置かれていた。

ガンという死体運搬用の神輿のようなものについて書いたが、あれは幾度となく使用すると、死体に触れたので次第にケガレてくるのである。ケガレたガンはどうなるかというと、マジムンに化けるのである。代表的な話として、夜道で牛や豚やヤギを捕まえ、家の外に縛って置いておくと、次の日にはガンの切れ端に変わっていたとか、唐守森の牛マジムンの話では、牛マジムンがそのままガンに変わっていたりした。このガンヤー跡地は現在でも心霊スポットとして語られており、代表的な場所が宮古島のガングルユマタという交差点である。

ガングルユマタとは、ガンを置いてあったユマタ（四辻）という意味で、この場所にはカタアシピンザ（片足のヤギ）というマジムンが現れて、それに頭の上を飛び越されたものは死ぬ、とまことしやかに噂され続けている。これもガンヤーの名残りである。もはやガンが使用されなくなり、墓場は火葬になった後でも、当時のケガレた印象は消え去ることなく、現代社会に心霊スポットとしてそのこだまを響かせ続けている。

ガーナームイにある碑

真玉橋　イリヌシーサー

話が若干ずれたが、そうしたケガレを封じるもの、押し返すものとして、シーサーは利用されてきた。

昔から、ヒーザンという考え方が沖縄にはあって、マジムンの住む山からはヒーダマ（火の玉）が飛んできて、それでムラは火事になるといわれてきた。そこで人々は魔除けになる石などを持ってきて、そのヒーザンに向けていたのだが、いつの頃からか、獅子を彫って、それらの場所に向けるようになった。ガンヤーが怪しいと思えばガンヤーに向けて、近くの山が怪しいと思えば山に向けて、あるいは海の彼方が怪しいと思えば海に向けて、それぞれシーサーが配置されるようになった。ガーナームイのシーサーもそんな感じで置かれているようだが、その頃のシーサーは一体だった。

現在でも県内いたるところに、手彫りのシーサーが置かれている。集落の入り口や、道端にただ置かれてあるような場所も多い。それぞれ、フーゲーシ（魔除け）、ヒーゲーシ（火返し）、サンゲーシ（山返し）などと役割がきっちりと決まっており、ただ漠然とその場所に置かれているわけではない。もし集落の中でそういったシーサーを見かけたならば、何らかの伝承がそこには残っていると考えたほうがいい。そしてその視線の先に何があるのか、確かめて欲しい。それが山だったら、昔はあの山からきっとマジムンが火の玉を投げてきたのだろうとか、何もない空き地に視線が向いているならば、ここは昔ガンヤーだったのではないだろうかなどと、妄想を膨らませてみるのも楽しい。

七色髪飾りの女を探したら

最後に、ガーナームイが襲った真玉橋の集落にある、名前の由来になった真玉橋にまつわる伝説を見ていこう。

真玉橋は前述の『豊見城村史』によると、最初は木製で、一五二二年に尚真王が架けたといわれており、大水のたびに流されたので、正史では一七〇八年、尚貞王時代に石橋に架け替えられたという。だが石材を使った橋の工事は、当時としては大事業だったようで、当時の琉球の三三間切《まぎり》（間切とは現在で言うところの町や市に相当する単位）を動員してもなお、悪天候や大水のせいで、何度も工事が失敗したようであった。

そこへあるとき、一人の神女がやってきた。

「橋が架からないのは、あまりにも工事の規模が大きいのと、好天に恵まれないためである。人柱を立てれば、すべてはうまくいく」

これは神がそうおっしゃったのであると、その女性の神女が執拗に言うので、役人たちもだんだんとその気になり、「ではどういった人物を人柱にしたら良いのか」と聞いた。

するとと神女はこう答えた。

「子の年生まれの七色の髪の元結（ナナイロムーティー）をしている女を探せ」

元結とは今で言う髪飾りで、当時は七色の髪飾りをしている女性など、そうそういなかった。役人たちは手分けして探したのだが結局見つからず、あるとき、神女に見つからなかったと報告に来た役人が、偶然その神女が七色の元結をしているのを見つけた。

「ナナイロムーティーなどしている女は、三三間切のどこを探してもみつからなかったが、今私はそれをこの目で見つけた。お前こそ、人柱にふさわしい女だ」

そしてその神女は、自分が言った条件に見事当てはまったので、哀れ真玉橋の人柱になってしまったという。

さて、その神女には一人娘がいた。その娘は母親が人柱にされたのでショックで口がきけなくなってしまい、国頭の謝敷という場所に移り住んだ。

ある日のこと、神女がナナイロムーティーをしていることを発見したその役人は、その娘のことが心配になり、国頭まで様子を見に来た。それまで一言も喋らなかった娘は、若い役人の姿を見ると、久しぶりに言葉を喋った。

というのも、その前の日、娘の前に一匹の美しい蝶が現れて、自分は母親の生まれ変わりだと告げた。蝶の化身となった母親は、「人先物言いしゃ　馬のさちとゆん（おしゃべり者は、まるで馬の先を歩いて災いを招くようなものだ）」と娘に告げたという。そしてこれからは「お前は自分の人生を生きなさい」と言い残し、大空へ消えていった。

そしてこの役人と結ばれたという話である。

語り部や本によって細部は若干違うが、伝わっている話はだいたいこんな感じである。だがこの話も、聞けば聞くほどツッコミを入れたくなってしまう話である。

以前に妻と話をしていて、この真玉橋のナナイロムーティーの話題になった。ちょうど車で真玉橋を電柱通りに向けて走っているときだった。道路左側には発掘された昔の真玉橋の遺構が見えて、人柱の話になった。私が話をざっと説明すると、彼女はこんなことを言った。

「その話って、ちょっとおかしくない？　どうしてその神女さんは、自分以外にナナイロムーティーをしている人がいないということについて気がつかなかったの？」

「そうだね。それもそうだ」と私。

「神女だったら、どうして自分が人柱にされることが分からなかったのかしら？　それほど単純なことなのに」

「まったくだ」

「もしかしたら、その神女さんって、他にもそんなことを言っていたんじゃないのかしら？」

「と、いうと？」

「つまり、他の橋の架け替えのときにも、この橋はよく落ちるから二色のかんざしをさしている女性が人柱にちょうどいいとか、水玉と縞々のシャツを着ている身長一七〇センチ以上の女性がいいとか」

「最後のは、君のことだよね」

「だから、そういうことを言っていたから、役人も人柱の一件を信じたんじゃないかしら。つまり、報いが来たってことよね」

なるほど。そのように考えると、歴史が面白く見えてくる。まさに「口は災いのもと」である。

怒れる神、人柱の子孫たち

豊見城市が真玉橋を改修工事したときには、人柱に使われたと思われる遺骨は出てこなかったそうである。それが証拠だと、懐疑論者は声高々に人柱説を否定する。

だが以前、こんな人物に出会ったことがある。

この話は今までどこにも書いたことがない。

国頭出身のAさんという人物に話を聞いたことがあるが、「自分はこのナナイロムーティーの子孫なんです」と教えてくれた。つまり、役人とその娘の末裔ということだ。もう最近はやっていないそうだが、昭和五〇年代まで、家族で真玉橋にウガンしにやってきていたということだった。

さて、この話は果たして事実なのであろうか。参照した『豊見城村史』には、結論としてこう書かれている。

「しかし一説にはこの真玉橋は難工事で人柱を立てねば成功しないような状態だったので、この話が出たのであって実際には人柱は立てなかったという説がある」（『豊見城村史』三三二頁）

ある研究者は、最近真玉橋が改築された際に、そのような骨は出なかったのであるから、人柱伝説はあくまで伝説だと言い張っている。だがそのAさんはこんな話もしていた。

　真玉橋が改修され、付近にバイパスが出来、周囲の風景は一変してしまった。真玉橋にあった拝所も、橋を見下ろす、少し離れた小高い丘の上に移築された。現在では介護施設の横に公園のようになって整備され、付近のウタキとまとめられて、合祀された場所になっている。Aさんの家族は、つい最近までこのウタキに、人柱になった神女のために、祈りをささげに来ていたという。

　Aさんはこんなことを言っていた。

「人柱って、怒れる神というか、自分の不本意で埋められて神様になってしまったから、拝まないと祟られるんです。つまり、お前を殺してここに埋めるから、橋が落ちないように守ってくれ。そうする代わりに、我々はお前を神として崇め、祀るだろう。だから永遠にお前はこの場所の神なんだって、死者に言い聞かせるわけです。でも最近、うちの家系のものですら、それをしなくなっちゃった。悪いとは思うんですけど、家族も負担があるし、大体最近の親戚は、そんなこと信じていないんですよ。だから心配といえば心配ですね。人柱となったうちの祖先が、再び怒れる神にならないかと」

　人柱というのは、人間が人を残虐な方法で殺して、勝手に神として祀りあげ、場所なり橋なりを護ってくれと嘆願する、身勝手で非人道的な行為である。多くの場合、逆さ吊りにされて、生きたまま埋められたという。逆さ吊りにされたのは、その人物が死者の世界への橋渡しという意味で、そのようにされたという。それで人柱に実際に効果があるのかといえば、何も証拠がない。だがおそらくそのようにして殺された人は、世界中にごまんといたのだろう。

Aさんの家に伝わる話も、それが文書などで残っているわけではなく、親戚の中で昔からそういわれている、ということに過ぎない。だがその末裔たちは、それが事実だとして、実際に祈ってきたという歴史がある。本当にそうであったのかどうか、誰にも分からない。だが、火のないところに煙はたたない、とも言う。

真玉橋には、すでに拝まれなくなってしまった神女の人柱が、今も川の奥深くで眠っているのかもしれない。その眠りを呼び覚ますのは、果たしてキングシーサーか、ガーナームイか、それとも米軍なのか、あるいは信仰心を失った現代の社会に対してなのか。我々は穏やかな水面をたたえる真玉橋を見ながら、一度問う必要があるのかもしれない。

マジカル「耳グスグス！」ツアー　若狭、奥武山、そして首里へ

耳切坊主の子守唄

耳切坊主。なんて素敵な名前だろう。耳を切る坊主、なんて、そんじょそこらにいるわけがない。これは、そんな耳を切る坊主がなぜ誕生したのかについて、歴史と伝承をぐるぐると巡る旅である。みなさん、用意はいいですか、幕開けです。合言葉は「耳グスグス！」。

耳切坊主の子守唄

大村御殿《うふむらうどぅん》ぬ角《かど》なかい
耳切坊主《みみちりぼーじ》ぬ立っちょんど
幾人幾体《いくにんいくたい》　立っちょがや
三体《みっちゃい》、四体《ゆっちゃい》、立っちょんど

いらなん、しーぐん、持《む》っちょんど
泣《な》ちゅる童《わらべ》や、耳ぐすぐす
ヘイヨーヘイヨー泣かんど
ヘイヨーヘイヨー泣かんど

〈意味〉
大村御殿の道の角に
耳切坊主が立っているぞ
何人、何体立っていると思う？
三人、四人、立っているぞ
カマや小刀を持っているぞ
泣いている子供の耳を。グスグス切るぞ
へいよーへいよー、泣くなよ

時は尚敬王の時代、那覇の若狭に護道院《ごどういん》という寺があった。そこに住んでいた僧侶、黒金座主《くるがにざーし》はジチチケー、つまり妖術使いであった。寺を訪れた信者や女、子どもに対しても乱暴狼藉の限りを尽くし、挙句の果ては首里城の宝物蔵にまで押し入るほどであった。

「これでは王国の秩序が保たれん」

そう思った尚敬王は、自らの親戚でもあり、首里城の近くの大村御殿に住んでいた北谷王子という、知恵と武術に長けた人物に、黒金座主の討伐を命じる。

いざ、北谷王子は護道院に乗り込むが、ぬっと現れた怪僧は、「お前と囲碁がしたい」と言う。北谷王子は囲碁の名手としても有名で、二人は荒れ果てた本殿で囲碁を打ち始める。

そこで黒金座主は、北谷王子に術をかけて、一瞬の隙を狙って反撃に出ようとした。それを相手より先に見抜いた北谷王子は、刀を取り上げると、まず黒金座主の両耳を切り落とし、それから腹部に致命傷を負わせた。

「おのれ北谷王子！　この恨み、黒金座主は死んでもなお忘れはせんぞ。末代まで祟ってやる」

そういい残して、絶命した。

さて、ジチチケーの怪僧は退治されて、平和が戻った。北谷王子も、大村御殿に帰り、家族のものたちと、幸福な生活を続けていた。

ところが、それからしばらくたった頃から、大村御殿の角に、恐ろしいマジムンが現れるようになった。両手に血だらけの鎌を持ち、両耳からドクドクと血を流した坊主が、通りがかる子どもたちの耳を「グスグス」と切るのだという。ユタに見てもらったところ、これはまぎれもなく黒金座主がよみがえった姿だとして、人々は夕暮れ時の首里を歩かなくなってしまった。人々はこれを耳を切る坊主、すなわち耳切坊主《みみちりぼーじ》として非常に恐れたが、どんなサムレー（士族）やユタも、これを鎮めることは出来なかったという。

またその後、大村御殿では、北谷王子の家系のものに男の子が生まれると、死後まもなくして真っ黒になって死亡する事件が相次いだ。ユタが、これも黒金座主の呪いだと告げたので、知恵に長けた北谷王子は一計を案じた。すなわち、男の子が生まれると、大きな声で「おーい、うふいなぐ（大きな女の子）が生まれとんどー！」と言って、集落を巡るのである。

このようにすると、男の赤ん坊が怪死することはなくなったので、やがてこの風習は沖縄中に広まり、ほとんどの集落で男の子が生まれると、みんな「うふいなぐが生まれとんどー！」といって、巡り歩いたという。

と、これが、伝説「耳切坊主」の簡単な概略である。細部は違えど、ほとんど同じような話が沖縄中に伝わっている。

さて、これは真実なのだろうかという推論をあーでもないこーでもないと述べる前に、まず若狭と首里の地にそんな伝承が残っているのか、詳しく見ていくことにしよう。

護道院はどこにあったのか?

護道院の謎を解く前に、沖縄には一体いつごろから寺が建てられたのかについて、簡単に見ていこうと思う。

沖縄で最初に建てられた寺は、極楽寺である。浦添グスクの近くに建てられた極楽寺は、一二六五年頃に、本土から渡ってきた僧侶、禅鑑を開祖として、英祖王が建てたといわれている。英祖王は王統初代で、浦添グスクを居城とした。この極楽寺は焼失したあと、名前を龍福寺と改め再建し、場所も浦添から糸満、そこからまた中部の泡瀬に移り、現在は沖縄市泡瀬にある龍福寺が、その系統を引き継いでいる。

現在の龍福寺は近代になって建てられたものだが、この前身である龍福寺には、面白い話が残っているので、寄り道だとは思うけれども、載せておく。

龍福寺のそばには、田んぼが豊富にあり、いつも稲が生き生きと実っていた。ところがいつの頃からか、そんな田んぼを荒らす、不届きな輩が現れ始めた。

「一体どこのどいつが田んぼを荒らすんだ？　とっ捕まえてボコボコにしてやれ！」

村人たちは怒り狂って周囲を探したところ、足跡だけが見つかった。まるで人間の足跡ではない、動物のような、そうではないような、奇妙な足跡だった。

「こ、これは……」しばらくすると、一人の村人が声を震わせた。「龍福寺のシーシ（シーサー）にそっくりだ！」

そこで村人は急いで龍福寺に向かうと、くだんのシーサーは祠の中で泥まみれになり、周囲には稲が沢山落ちていた。

村人たちは犯人は分かったのだが、集落の守り神であるシーシを壊すことも出来ず、尚円王に相談したところ、王はこう言った。

「それでは龍福寺に七畝（七〇〇平方メートル相当）の田んぼを与えるので、そこを囲い、龍福寺のものとせよ。取れた稲はすべてシーシに与えよ」

これにより、龍福寺のシーシが外に出て暴れることはなくなった。ところがその後、改修工事のために向氏儀間親雲上朝武という役人と、渡嘉敷親雲上という大工たちがくだんのシーシを検査したところ、お腹の中から多量の稲が見つかったという。

この話は『琉球国由来記』の巻十、諸寺旧記に載っている。

つまり、ここのシーシは夜出歩いたわけである。このように出歩くシーシという話は沖縄にはいくつか存在していて、その類型的な話が、大宜味村にある根謝銘グスク（別名ウイグスク）にも伝わっている。ここはかつては国頭間切だったところ。

根謝銘グスクのそばのヒサン前原という場所には、よくヒーダマ（火の玉）が現れた。そのため、ヒーゲーシとして一戸の大きな岩が置かれたが、なぜかその岩が夜な夜な豚のように鳴きながら、集落を練り歩いた。そのため、人々はその岩のことを地豚の岩という意味で、ジーワーワーと呼んだそうである。

夜になると豚のように練り歩く岩。なんていう幻想的なイメージだろうか。その岩に一目会いたい、ということで、以前、根謝銘グスクまで行ってみたことがあるが、そこには「ビジュル（霊石）」と書かれた岩の碑文があって、その周囲には無数の岩が転がっているだけだった。

これのどいつがジーワーワー岩なのだ？　沢山岩がありすぎて分かりやしない。仕方なく私は引き返した、苦い思い出がある。

とにかく、そうなのだ。魔除けはきっと魂が込められると、一人で動き出すのだ。沖縄最初の寺である極楽寺、後の龍福寺の跡地は、現在、浦添中学校のグラウンドとなっている。

また寄り道してしまったが、ここからがいよいよ本題、二番目に古い寺はどこかという話になるのだが、それが波上にある護国寺なのである。

沖縄が北山、南山、中山の三つの国で争っていた時代、一三六八年頃に、中山王の察度王が、本土からやってきた頼重法師のために開いたといわれるお寺である。ここは現在もその場所にあり、沖縄戦で元からあった鳥居や建物などは焼失してしまったが、地域の信仰を担っている重要な神社である。

その護国寺に伝わる話によると、護国寺の三代目の住職に、黒金座主という名前が、確かにあったそうである。残念ながらその系図は、先の沖縄戦で焼失してしまった。

黒金座主のいた寺は、護道院だと名前もはっきり分かっている。しかも若狭にあったのだと。『遺老説伝』にも、耳切坊主の物語がはっきりと載っている。では、黒金座主が妖術を使ったかどうかはひとまず置いておいて、そのような人物がいたのかどうかを見ていこう。

まず護道院であるが、現在の若狭公民館とマックスバリュ若狭店の間に存在していたことが、古地図で確かめられている。そして実は護道院のものだとされる井戸が現存していることも分かった。残念ながらこの井戸は一般の方の敷地の中にあり、中を見せてもらうことは難しいのだが、石を積み上げげた、古い遺構が確認できる。

そして護道院は、引退した僧侶が暮らす、いわゆる隠居寺と呼ばれるものであったようである。護国寺は、隠居寺と呼ばれるものを三か所、所有していた。すなわち、若狭の護道院と、現在の奥武山公園にあった龍洞寺《りゅうどうじ》、そして天妃小学校あたりにあった善興寺《ぜんこうじ》である。つまり、黒金座主は、僧侶として護国寺で仕事を全うした後、隠居寺で暮らすうちにおかしくなってしまったということなのであろうか？

この黒金座主は、またの名を盛海上人《せいかいしょうにん》といい、護国寺には次のような記録があったという。

「盛海、王命により仁王を建立。王命により惨殺さる。弟子に心海あり」

その仁王像とは、盛海上人が鹿児島で作らせた石製の仁王像であり、戦前まで存在していた。記録としては盛海上人が王の命令で処刑されたこと。そしてその弟子は心海上人という人物であると語られている。この心海上人についても、面白い話があるので、それはあとで述べる。

なぜ「耳グスグス」したのか？

話を元に戻すと、まず盛海上人がなぜ、黒金座主と呼ばれることになったかについて、見ていこう。『カラー　沖縄の伝説と民話』（月刊沖縄社　一九七三）によると、こんな記述がある。

「盛海は隠居寺の護道院の住職でしたが、顔が浅黒く、老人なのに身体も鋼のようにガッチリしていましたので、黒金座主とあだ名されていました」（一三〇頁）

なるほど。これはいわゆる「あだ名」であったのかもしれない。

では、この耳切坊主のお話の最大の疑問に移っていこうと思う。さきのお話を思い返してもらいたいのだが、北谷王子と囲碁を打ちながら反撃に出ようとした黒金座主を、北谷王子はどうしたか？　いろんなお話を総合してみても、こういう流れになる。

その一　黒金座主、囲碁を打ちながら、北谷王子に催眠術をかける。

その二　北谷王子、眠りそうになるところ、ハッとして起き上がり、手元にあった刀の鞘を抜く。

その三　北谷王子、切りかかって黒金座主の両耳を切り落とす。

その四　その後、致命傷を負わせ、黒金座主は絶命する。

だがここで、みなさんにも考えてもらいたい。みなさんが今回は北谷王子だとする。囲碁を打っている体勢から起き上がり、攻撃してくる相手に対して、一体どこを狙うだろうか？　私だったら相手の首か腹を狙う。やったことはないけど、そうしたら人が死ぬことぐらい、だいたいわかっているからだ。だが北谷王子はどうしたか？　わざわざ相手の両耳を切り落としてから、その後致命傷を負わせた。

一度、居合抜きの人に聞いたことがある。手元にあった刀で、襲い掛かってくる相手の両耳を切ることは出来るのかと。答えはノーだった。やっぱりね。小学生でも分かる。いや、小学生だったら分からないか。

とにもかくにも、襲い来る相手の耳を切り落とす、なんてのは、どんな武術の達人にも不可能に近い。ではなぜ、そんな話になってしまったのであろうか？

次に述べるのは、私が考えるひとつの説である。

中国では古来、罪人を処刑する前に、その者の両耳を切断するという、血も涙も無い方法がとられていた。理由は、罪人を殺す前に、そのものを人ではない存在にまで貶めるためだった。つまり、人を殺すと罪深い思いが生まれたり、ことによっては呪われたりすることがあるかもしれない。なので、人を殺す前に相手を人ではないものにしてから、首を切るのである。

若狭という地域はもともと本土からの寄留民が多く、さらに久米三十六姓の住む久米村の近くにあり、儒教などの中国文化の影響が流れ込み、いろんな文化がミックスされて生まれた町である。

そして、先ほどの護国寺の記録。盛海上人は王命により処刑、が浮かび上がってくる。もしかしたら、盛海上人、もとい、黒金座主は、罪深い極悪人のジチチケーではなかったのかもしれない。ではなぜ処刑されてしまったのか。そしてなぜこんな話が流布されるにいたったのか、ということだ。

若狭地域の老人たちに、話を聞いたことがある。沖縄に流布している主な話によると、黒金座主は悪人だが、なぜか若狭地域のお年寄りは、黒金座主を悪人だと思っている人は少なかった。地元若狭の歴史を研究している郷土史家の下地さんによると、こんな説がある。

若狭地域の横には、有名な遊郭の辻がある。そこで、不覚にも客の子どもを妊娠してしまったジュリたちに、堕胎手術が行われていて、それに盛海上人はかかわっていたのではないかという。それが王府に知られてしまい、処刑されたのではないかということだ。

これは、実際に下地さんが会ったことのあるお年寄りから聞いた話だそうだが、その理由の他にも、王府の気に入らない政治的な理由や何かで、盛海上人が処刑されたという事実はあるのかもしれない。なので、処刑される前に盛海上人は両耳を切られてしまった。それが話として残っているのではないかということだ。

大村御殿ぬ角なかい

さて一旦若狭から少し離れて、今度は首里の坂をみなさんと一緒に登ってみようと思う。

北谷王子、もしくは北谷王子朝騎《ちょうき》と呼ばれている人物は、もともと尚質王の四男である尚弘才という人物のことである。この人物の家系は第二尚氏と呼ばれる系統に属する王族で、北谷から嘉手納に渡る広大な北谷間切を治めていた。

北谷王子は琉歌を沢山残しており、有名な歌に次のようなものがある。

常盤なる《トゥチワナル》松ぬ《マツィヌ》　変わる《カワル》事無さみ《クトゥネサミ》
何時ん《イツゥイン》春来れば《ハルクリバ》　色どぅまさる《イルドゥマサル》
（常緑樹の松は、幾久しく変わることがないものだ。いつも春がめぐりくれば、いっそう鮮やかに緑色を増して美しい）

『解釈付習字読本　琉歌百景』（糸州朝薫・野原廣亀編著　沖縄総合図書　平成二年）

結構な才人であったようで、才能の端々に、豊かな感受性が伺われる。また悪人であったという記録もなく、沖縄の正史ではいわゆる英雄の範疇に入るだろう。

大村御殿跡は、少し前まで県立博物館として敷地が利用されていたが、新都心に新しい博物館・美術館が建設されて、現在は更地となり、外側の石積みの塀が残っているに過ぎない。だがそこには耳切坊主を示す案内板が建っている。まさにここなのである。殺された恨みを晴らすべく、耳切坊主が出没した場所は。

この場所では、大正時代まで、黒金座主のために壮大な慰霊祭を毎年行っていたという記録がある。つまり、耳切坊主の呪いを信じて、それが私たちの身に及びませんようにと、祈祷しているわけである。この耳切坊主のお話で、一番怖いところは、ここなのである。

マジムンや幽霊、魔物の話の類では、最後は魔物は退治されましたとか、呪いは解けました、めでたしめでたし、というのがパターンであるが、実はこの話、結末がないのである。殺された黒金座主の魂は、耳切坊主となって蘇り、北谷王子の家系に復讐を仕掛けた。その復讐は、現在もまだ続いている。伝承のどこにも、呪いが解けた、もしくは耳切坊主が退治されたという記述は、まったくどこにもないのである。

ハブとでーじ仲の良かった心海上人

ここでは締めくくりの前に少し本題から離れて、心海上人という人物の話をしてみよう。

さきほどの護国寺の記録をもう一度見てもらいたい。

「盛海、王命により仁王を建立。王命により惨殺さる。弟子に心海あり」

つまり、耳切坊主には弟子がいたのだ。これが心海上人という人物で、彼はまっとうな一生を送ったらしく、一風変わった、俗に言う神通力を持ち合わせていた善僧だったようだ。面白いので、少し寄り道して、奥武山公園まで散歩してみよう。

なぜ奥武山公園かというと、ここに心海上人のお墓が存在しているからだ。奥武山公園の中の護国神社の入り口の手前を右に曲がったところにある。そこにある那覇市の掲示した表示板にはこうある。

「心海上人は、その生い立ちなどよく分かっていません。波上護国寺の住職として務めたあと、奥武山に龍洞寺を建て隠居し、最期は自分でお墓に入りお経を唱えながら亡くなったと伝えられています。また、『龍洞松濤《りゅうどうしょうとう》』として球陽八景の一つに数えられ、山上にかなでる松風の音は遊行を楽しませる風景の優れた所であるとされていました」

さきほどの護国寺の隠居寺である龍洞寺が、おそらくこのあたりにあった。この心海上人がどのような人物であったのか、伝承にはいろんな変わったお話が残っている。

心海上人が、龍洞寺にいた際に、いきなり昼間、大声を上げた。

「寺が火事じゃ！　水を持ってこい。大至急だ！」

これを聞いた寺の小僧や弟子たちは、すぐさま桶に水を汲んで駆けつけた。すると心海上人が一人で本殿の屋根に向かって水をかけている。これは一大事と、全員で屋根に向かって水をかけた。だがどこにも燃えた形跡も、煙も上がっていない。だが上人が水をかけているのでやめることはできない。しばらく寺のもの総出で、燃えていない本殿に向かって水をかけた。

「もう良い。これで十分じゃ」しばらくすると心海上人がそう言った。

その後、弟子たちが確認したが、火事のあとはどこにも無い。

「上人は気がお狂いになったに違いない」

弟子たちは口々にそうつぶやいた。

で、その数か月あとのこと。突然、中国の大きな寺の使者が、書簡を携えてやってきた。

「私どもの寺が火事になった際、心海上人やあなたがた龍洞寺の皆様が駆けつけてくれて、大変助かりました。火はすぐに収まりました。心より感謝申し上げます」

つまり、こういうことである。海の向こうの唐の国の寺で火事があり、いざ火を消すという段になって、見知らぬ寺の一団が駆けつけてきて、桶で水をかけはじめた。これにより、寺の消火がスムーズになったのだが、火が消えてみると、その見知らぬ寺の一団は忽然と姿を消していた。だが寺の何人から「あれは琉球の龍洞寺にいる心海上人に違いない」というので、こうやってそれを確かめに来たと同時に、お礼状を書いてきたのだと。

やはり話を確認すると、火事でもないのに火を消せと心海上人が叫んだ期日と一致した。これにより、心海上人の評判はうなぎのぼりとなり、各地からの来訪者で龍洞寺はにぎわった。

また心海上人は、毒蛇であるハブと大の仲良しでもあった。爬虫類は手なづけることが難しいといわれている中、彼は一匹のハブと友達になり、意思の疎通もできたらしい。また上人が留守の間は、そのハブに留守番をお願いして、寺の大事なものを守ったという。いわば、番犬ならぬ、番蛇である。

ハブとは、前もって「部屋に入る前にはわしが咳をするから、それが合図じゃ」と示し合わせておいたのだが、あるとき、戻ってきた心海上人は、ぼんやりしていて咳払いするのを忘れてしまった。

と、部屋に帰るなり、仲良しのハブはガブッと心海上人の腕を咬んでしまった。

さあ大変。ハブの毒は急に回るのである。心海上人もびっくりしてしまったが、一番びっくりしたのは当のハブであった。ハブはすぐさま奥武山の中に分け入って、ハブ毒に効く薬草をたんまり持ってきて。事なきを得た。さらに奥武山の中にハブ毒に聞く薬草があるというのが、これで知れ渡った。めでたし、めでたし。

というお話である。

ところが、この話には、いくつか確かめられない点があって（まあ昔話なので、そこまでしなくてもいいのかもしれないけど）、私が気になるのは、仲良しになったハブよりも、このハブ毒に効くという薬草である。

調べてみると、いくつか分かった。タマサキツヅラフジという植物の根に含まれるセファランチンが毒に効くそうである。だがこれが奥武山に自生しているかどうかまでは調べきれなかった。またたとえそれを煎じたとしても、煎じている間に毒が回り、おそらく心海上人は絶命してしまったに違いない。煎じて飲ますには、その当時の技術だと少なくとも三〇分以上、ハブくんが愛する心海上人のために、急いで薬草を探しに行ったとしても、それくらいの時間はかかるだろうと思われる。またハブ毒は強度の後遺症が残るのである。咬まれた場所の肉が溶けることもある。なので咬まれた心海上人はたとえ助かったとしても重大なダメージが残ったはずである。

でもまあ、対岸の中国の火事を消してみせた上人である。ダメージくらい、への河童だったのかもしれない。

この心海上人は、自分の幕切れの瞬間も分かっていたようだ。死ぬ前にはお世話になった友人知人を訪ね歩き、「私は何日の何時に死にますから、お元気で」と、お別れの挨拶をしに行脚をしたという。そして死ぬと予言した四、五日前には、自分が用意した奥武山のお墓に入り、ずっと読経をあげていたが、その声が聞こえなくなったので弟子が墓を空けてみると、予言したその日に、心海上人は墓の中で息を引き取っていたという。

素晴らしい人生の幕切れだと思う。

きっと心海上人は、黒金座主と王府の戦いについても知っていたに違いない。それらを含めて、なんら記録が残っていないので確かなことは分からないが、なんか素敵な気がするのである。私もハブと友達になりたい。その指南書でも残してくれていたら、良かったのに。

心海上人のお墓は今でも奥武山公園にあり、真新しい花がいつも供えられている場所である。ぜひ一度訪ねてもらいたい。

公民館にやってきたオバアから、教えてもらったこと

さて最後に、私が今までに調べたり、人から聞いた話を総合して、次のような仮説を立ててみた。推理小説を読む感じで、ついてきていただければうれしい。あくまで妄想のようなものであるからだ。

若狭にいた黒金座主こと盛海上人は人格者で、土地の人々に慕われていた。辻の遊郭のジュリたちの話も親身になって聞いたり、その堕胎についても、何らかの知恵や力を貸し

ていたに違いない。すると、それは当然王府の耳に届く。

当時の琉球は、水面下で親日派と親中国派で分かれていた、とも言われている。まあ現在のようなイデオロギー対立っぽい構図ではないだろうが、盛海上人は親日派で、北谷王子は親中国派だった、という説もある。いずれにせよなんらかの政治的な対立の構図というものがあったのかもしれない。尚敬王時代の一七一四年には、仏教の僧侶が中国へ渡ることを禁じる法令が出された。その当時の沖縄を治めていた司官たちは、中国の家系か、もしくは親中国派だった。そこで琉球としては、中国と日本のはざまにあって、水面下で対立していたことは想像に難くない。僧侶はみな本土に行って修行するのであって、いわば親日派になってしまう。一七三四年には、平敷屋《へしきや》朝敏《ちょうびん》（和文学者、組踊「手水の縁」作者）と友寄安乗《ともよせあんじょう》が、時の三司官・蔡温のもと処刑された。世に言う「平敷屋・友寄事件」である（薩摩在番に王府批判の直訴状を送ったが逆に首里王府にまわされたという）。蔡温は久米村出身で初めて三司官になった人物である。

黒金座主が、仮に親中国派に処刑されたとすれば、耳を切り落とされるということが話として残っていることについても、少し納得がいく。だがこの説もあくまで一つの説であって、実際のところ、そういった対立はなかったのかもしれないし、事実はよく分からない。

さて、その後であるが、処刑された盛海上人を慕う人がいたはずである。彼らは罪も無い上人が殺されたことについて、王府に憎しみを持たなかったであろうか。否。そんなわけがない。もしかしたら、慕う連中の何人かに過激な者たちがいて、個人的に北谷王子に復讐をしたとは考えられないだろうか？　血だらけの僧侶に変装して、大村御殿の角に立ち、恐怖をあおるのである。そして生まれた子どもは、男の子は跡取りになるので、片っ端から毒殺していったと。

最初に挙げた耳切坊主の子守唄の歌詞を見ていただきたい。耳切坊主は何人、大村御殿の角に立っているだろうか。一人ではない。三人も、四人も、立っているのである。

耳切坊主には分身の術が使えたのだろうか。そうではない。これはきっと、恐怖をあおるために、変装した盛海上人の過激なシンパが、ずらっと並んでいたのである。

このわらべ歌は、なぜか子守唄と銘打たれてはいるものの、はっきり言ってこんな歌詞で眠れる子どもがいるわけがない。この歌は、北谷王子の家系に伝わっているものだと聞いた。この歌も、盛海上人のシンパが、恐怖をあおるために考え出したのではないだろうか……。

もしかしたら事実はこんな感じかもしれない。もちろん、本当に真言密教の術を使った怪僧だったのかもしれない。伝承としてはそのほうが面白いだろうし、気色悪いし、ワクワクはする。でもなぜか私はそう、思えないのである。

最後に、若狭公民館で働いていたときの話で締めくくることにする。

公民館の窓口に、一人のオバアとその娘さんがやってきて、「耳切坊主の話が出来る人をお願いします」と言った。

私が対応して、ロビーでしばらく話をした。すると、大体の話はこのオバアは分かっていたようで、最後に娘さんがうちなーぐちを通訳しながら、だいたいこんな意味の話をしてくれた。

「耳切坊主はね、王府に逆らったわけよ。彼はね、辻のジュリにも、若狭の人にも優しくてね、とてもいい人だったと聞いておるよ。それで処刑された。沖縄芝居でさんざん悪僧の耳切坊主をやっていたけどね、あの話は全部嘘さ。政府は今でも都合のいいように話を変えるだろ。あれと同じであるわけさ。でも人の記憶は変えられん。死んだ魂は、その人が何をしたか、ちゃんと記憶してる。私の家系のものはね、少なくともそれを語り継いでいましたよ。だから、戦後、ここに護道院があって、黒金座主さまのお墓もありましたよ。今は壊されてしまったけどね。あのよ、若狭って言う場所は全部、墓場だったわけさ。それが開発のために、全部山の上の繁多川のとこ、識名に移されたけどね。座主さまのお骨も、どこかの無縁仏に入れられたと聞いたけどね。それが今ではどこか、わからんさ」

今日も若狭に夕日が落ちた。

その日の夜は、少し飲みたい気分だったのを覚えている。

マジムン四コマ
ミミチリボーイくん

作・ミキシズ

ウニ！　ウニ！　ホーハイ！

鬼がいっぱい！　首里、大里、八重山

大里鬼にまつわる、大変卑猥な話

　鬼のことを、方言でウニという。雲丹《ウニ》ではない。ウニである。ちなみに食べるほうのウニは、ガチチャーと呼ぶ。今回はこのガチチャーではない、正真正銘のウニの話である（ややこしくしてみた）。

　首里の金城《かなぐすく》に仲の良い兄と妹のきょうだいがいた。ところが、両親があいついで亡くなると、兄のほうはかなり離れた島尻（沖縄島南部）の大里《おおざと》へと引っ越していった。

　すると、しばらくして大里より妹のもとに、兄についての奇妙な噂が届き始めた。引っ越していった兄が、どうもおかしくなってしまい、周囲の人を襲っては食べる人食いウニ（鬼）になってしまったようだった。そこで妹は意を決して、大里にいる兄の元へと向かった。

　すると、洞窟にいた兄は、まさにグツグツと鍋で人間の手足を煮込んでいる最中だった。

「お前か。よく来たな。食っていくか?」と兄。

「いいえ。いりません。お兄様、一体どうされたのです?」

「どうもしておらん。ただ食事をしているだけだ」

兄が暮らしている洞窟の中は、すさまじい臭気と人間の骸骨で満たされ、我慢できなくなった妹は隙を見つけてそこから逃げ出した。

ああ、なんてこと。兄は凶暴なウニになってしまった。妹は嘆きながら家に帰った。

そして、次に兄に会ったら、何とかして自分の手で退治しなければと、固く誓いを立てた。

それからしばらくしたある日のこと。金城にいる妹のところに、いきなり兄が訪ねてきた。

「久しぶりにお前の顔が見たくなってな」と兄が言った。

妹は、首里でも眺めのいい丘の上に兄を連れて行って、「ムーチー（お餅）を作ったの。一緒に食べましょう」といった。

そして自分のものには普通のやわらかい餅を、そして兄には釘がいっぱい入った餅を手渡した。妹がニコニコしながら食べるのを見て、兄も気を許したのか、釘入りの餅を一気に頬張った。

だが例えウニであっても、釘の入っている餅など食えるわけがない。兄は、口の中に釘が刺さり、ひるんでしまった。そして丘の縁まで兄を追い詰めた妹は、一気に物語を終焉へと向かわせたのだった。兄の前に立ちはだかり、こう言ったのだ。

「私の上の口は餅を食う口、そして下の口はお前を食う口さ！」

そして兄の眼の前で、自分の陰部を思いっきり見せ付けたのだ。

びっくりぽんなのは兄のほうだった。妹の陰部をいきなり見せ付けられて、丘の上から足を滑らせて、落下して死んでしまった。

とまあ、こんな話が伝わっている。

ところが子ども向きのソフトでナイーブな本の場合、最後のせりふとシーンが大幅カットされている場合が多い。いわゆる教育的配慮というやつだ。そういう本では、ただ単に釘もしくは鉄入りの餅を食べさせられた兄が、崖から足を滑らせて死んじゃいました。めでたしめでたし、となっている。

これを祝って、旧暦の一二月八日（だいたい今でいうところの一月から二月あたり）に、このムーチーを再現した月桃の葉に包んだ餅を食べて、子どもの成長や無病息災を願う。もちろん釘は入れない。幅広の葉（カーサ）に包んだ餅なので、カーサムーチーとも呼ばれている。この月桃の葉には殺菌作用があり、人によっては消毒薬くさいとか言う人もいるけれど、結構おいしいものである。最近では紅芋味とか黒糖味とか抹茶味なんてのも出てきて、ヴァリエーションが増えてきた。

ムーチーを包む月桃は、最近では紙にも用いられて、月桃紙というものも開発されている。結構良い香りがする。空き地や山などに自生して、今でも古い家なら庭に生えているし、成長の勢いが強いので、人によっては雑草扱いしているくらいである。

このムーチーの行事の日には、誰かがどこかで作ったムーチーが配られて、巡り巡って自分のところにやってくるなんていうのは、よくある光景である。子どものいる家には、年齢分のムーチーをぶら下げて、いわゆる厄払いのようになっている。

このムーチーに関して面白い記述があったので、一つあげておく。

「旧暦12月8日には餅を作るようになったが、前に一度それをやらなかったので、三本指の子どもが生まれたので、それで、この鬼餅の行事はやめてはならないという」

『こちんだの民話　昔話編』（東風平村教育委員会　一九八五）一三七頁

三本指と言うのは、おそらくマジムンか、ここでいうところのウニかもしれない。ということは、この厄払いをしないと、まさに大変なことになるのだろう。

これを読んだ方は、単なる昔話的に物語をとらえるかもしれない。つまり、現代とは関係のない、迷信と信仰が生きている時代のフェアリーテール的なものだと。だが沖縄の人々、特にオジイ、オバアと呼ばれる年代の方々は、これを本気で信じている方も少なくない。このことを、まだまだ迷信が根強く生きる原始的な沖縄、という風に理解するか、あるいは、本土では失われた民間信仰がまだまだ息づいている沖縄、という風に理解するかは、個人の問題である。

話を戻すと、現在首里の金城町《きんじょうちょう》には古くからの石畳の坂道が残っている。NHKの『ちゅらさん』でロケに使われた家があったりして、観光客が結構訪れる場所なのであるが、その石畳道を上り、横道を辿っていくと、くだんのウニが落とされた崖の下に出る。いわゆる金城町の大アカギの場所である。そこにはその由来を記した看板がいくつもあって、それらは個人もしくは自治会などが立てたものである。

この崖一体は、内金城嶽といい、ウチカナグスクタキと読む。戦時中、焼け野原になった首里の中でも珍しく破壊されなかった場所で、樹齢三百年と言われている大アカギが神木として聳《そび》え立っている。また崖には小さな洞窟があり、そこに親を失った兄妹が住んでいたといわれているが、現在はすごく狭い入り口しかない。その上の崖から、ウニが落ちて死んだのである。

実はその崖は、崖というほどには高い場所ではない。おそらく落ちても、骨折ぐらいで即死はしないだろう。しかも相手はウニである。もしかしたら死なずにどこかに逃げ去ってしまったのではないだろうかなど、そんな邪悪な妄想も湧いてくる。

でもまあ、この場所で白眉なのは、実はここではない。向かって左側にある、大アカギのご神木である。赤い柵のある門の向こう、大アカギが何本も立っているが、そのさらに奥。見たこともない、巨大なアカギがある。あまりに巨大化したのか、そのアカギの中には空洞があって、大黒様のような金の仏像が安置されており、看板にはこんな文字が見える。

「旧暦六月一五日に神が降りてきて願い事を聞いてくれるという言い伝えがあるので、年にひとつだけ願い事を話されてみてください」(旧暦六月一五日は六月ウマチー・稲収穫祭である)

なるほど。ここは願いのかなう場所である。アンドレイ・タルコフスキーの映画『ストーカー』で言うところの「ゾーン」なわけである。こういう場所に行くと、皆さんは何をお願いするのであろうか。

前に与那原町老人会のみなさんをこの場所にお連れしたことがある。その時にこの質問をオジイオバアたちにぶつけてみた。すると答えは「孫が元気でありますように」「残された娘息子たちが幸せでありますように」「みんなが幸せでありますように」と、彼らの心の底からの素敵な答えが返ってきた。でも中に一人だけ、忘れられない答えを言われた男性の方がいらっしゃった。彼はこう答えられたのである。

「ガーナームイが復活して、辺野古の基地を襲いますように！」

映画的なセンスがあるお年寄りである。たぶん、政治的配慮から、決して映像化されないと思うけれど。

さて、少し脱線したが、この大里鬼を代表格とする、沖縄のウニについて話を進めていこう。

ホーハイ、ホーハイ！

この大里鬼の最大の論点は、やはり物語のラストだろう。どうして妹は、自分の一番恥

金城町の巨大な大アカギ

大アカギの空洞の中

ずかしいところをさらして、ウニを退治しなければいけなかったのか。

私だってこの話を最初に聞いたときには、こう思った。どうして民話と言うものは、こんなにも猥雑で子どもに伝えにくい話が多いのだろうかと。だって五歳の娘に「ムーチーの由来」を話してとせがまれて、ここに書いたオリジナルをそっくりそのまま話せる両親は、きっといないだろう。どうしても最後の最後で脚色を迫られるか、あるいはさらっと話してから、その後の娘からの「どうして前を見せたの？　どうして、どうして？」という質問攻撃に答えないかだろう。きっと幼少期から性教育などを行っている情緒が安定している家庭の方は、そっくりそのまま話されるのだろうが、私は絶対自信がない。なので、琉球新報の子ども新聞「りゅうＰＯＮ！」に、この大里鬼の話を連載する際に、私は迷ってしまった。ラストを穏便に書き直したほうがいいのか、あるいはそのまま伝承として書いたほうがいいのか。結局私は迷った挙句、伝承そのままを書いて送り、新聞社もそれを了承して載せてくれたのだが、幸いにも苦情らしきものは一件もなかった。

で、とりあえず私はいろいろ調べてみた。すると、面白い伝承が残っていることを突き止めた。それによると、沖縄のヒーマジムンは、夜中に川で長い髪の毛を洗うという……ええと、いきなりヒーマジムンの話ではじめてごめんなさい。でもまだ続きがあるので、どーぞ。……もし夜中に川で髪を洗っている女を見かけたならば、その集落もしくは家に、ヒーマジムンがやって来るというしるしである。ヒーマジムンとはその名の通り、火を放つマジムンである。それに対処するために、伝承は何を伝えているか。

まず家に帰り、門のところで、小さく作ったミニチュアの家、もしくは家に見える木の模型のようなものを燃やすのである。その際、大声で「カジドゥーイ！（火事だ！）」と叫ばなければならない。そして家が燃え尽きたら、次の言葉を呪文のように大声で唱えるのである。

「ホーハイ、ホーハイ！」

ホーハイとは、沖縄方言では女陰の意味がある。

「女陰！　女陰！」

とてもじゃないが、標準語では叫べない。都心部でやったら、確実に捕まる。

つまり、古より沖縄では、女陰が魔除けの印のように扱われているのである。なぜか？いろんな解釈があるだろう。沖縄はヲナリ神（妹が兄を霊的に守護する考え）の世界だからとか、人が生まれてくる神秘的な場所だからとか。でもその名前を連呼して、悪霊退散させるのである。こればっかりは、あまりメインストリームで扱うような話題ではない。

場所によっては、悪霊を追い出すために「ホーハイ、ホーハイ!」と叫びながら、集落を一周したりすることもあるようだ。東アジアのある地域では、雷が鳴ったら女性が家の屋根に上り、性器をあらわにして大空に向かって見せつける、というこれまた凄い魔除けの方法があることも、ボーダーインクの新城さんから教えてもらった。ということは、この作法は世界のあちらこちらであるかもしれない。

話を元に戻すと、ごく一般的に考えれば、崖の上でウニとなった兄を驚かせて崖の下に落とすためには、彼女自身を露出させてびっくりさせることが、妹の正しい判断であったのかもしれない。考えてみれば、か弱い妹は釘入りのムーチーの他、武器らしい武器を持っていなかったのである。妹による、ウニになった兄への、精一杯の反撃だったのかもしれない。だからこの話を聞いて、現代のわれわれが恥ずかしがるのは、もしかしたら間違ったことであるのかもしれない。彼女の勇気ある決断のおかげで、ウニは退治されたのだから。彼女のこの行為のおかげで、ホーハイすなわち女陰が、沖縄で悪霊を退散させる一種のアイコンとなったのかもしれない。とりあえず、こう宣言しておこう。

女は強し。

それに尽きる。

ハダカヌユー　それはキング・オブ・琉球妖怪

さて、人はいとも簡単にウニとなってしまうのであろうか？

文化としてのカニバリズムの世界では、人が人を食う、というのは、実際にある話として紹介されている。飢餓によるものや、戦争中の狂気によるもの、愛憎によるもの、他者のエネルギーを奪うため、理由はさまざまあるが、人が他者を食うという話は、結構ポピュラーであるようだ。また日本各地でも人を喰う鬼の伝承はある。

沖縄のウニについて話を進める前に、一つ紹介しておきたい伝承がある。

それはハダカヌユー、もしくはハダカユーと呼ばれる存在の伝承である。

これは以前からいろんなユタの方が口承で話してきている伝承である。活字になったのは、渡久地十美子さんの本『ほんとうの琉球の歴史　神人が聞いた真実の声』（角川フォレスタ）ぐらいだろうか。とにかく、伝承をつなぎ合わせると、面白い姿が見えてくる。

ハダカヌユー、もしくはハダカユーは、漢字で書くと裸之世、もしくは裸世となる。これはつまり、先史時代から古代、つまり人々が裸で生活していた世の話なので、そう呼ばれる（ちなみにハダカユーの後はクバヌファユー〈クバの葉の世〉となり、アダムとイブがイチヂクの葉で性器を覆い隠していったように、だんだんと進化していくのが面白い）。当時の琉球を大規模な旱魃と、それに伴う飢饉が襲った。食糧難に陥ったシマの人々は、とうとう最後にやってはいけないことをやり始めてしまった。すなわち、共食いである。人が人を食い、とうとう何百名かの限られた人々が生き残った。だが彼らは死んでも、決して天に上げられたり、報われることはなかった。なぜなら共食いをした人間の魂は、次第に穢れていき、取り返しのつかないくらい、汚れた状態になってしまったからだ。彼らの魂は神に救われることもなく、永遠に琉球のシマから離れられなくなってしまった。そのため、彼らはハダカヌユーと呼ばれ、永久に地上をさまよう存在となった。

　これが大まかにまとめたハダカヌユーの歴史である。知り合いのユタの比嘉さんによると、何度もハダカヌユーとは遭遇しているという。ハダカヌユーがいる場所にはいくつか共通点があって、たとえば海の近くではない場所で、いきなり腐ったような潮の香りがしたりする。そして古いウタキや、荒れ果てた場所、誰も拝まなくなった古墓《フルバカ》などにも、ハダカヌユーは溜まっていることがあるという。

　一度比嘉さんは、クライアントさんのお母さんが拝んでいる仏壇に、とても素晴らしい女神様がいるのが見えたそうである。そこで挨拶しようとしたが、何かがおかしい。

「お前は誰ね？」

そう何度も聞き返すと、相手は正体を現し、真っ黒い塊と化したそうである。ハダカヌユーであった。

一説によると、このハダカヌユーが沖縄のすべてのマジムンの源であって、姿を変え形を変え、現在に至るまで暗躍し続けているのだという。

このハダカヌユーが生まれたのも、結局は人を食ったからであった。結局は旱魃による飢餓という理由はあれど、食ってしまったものはいかんともしがたい。私は残念なことに人肉は今まで食べたことはないのだが（もちろん食べたいとも思わないし、思えないが）、そういうことがあったということは、人類の歴史を見ても明白な事実である。だがまあ、人肉を食ったからといって、誰でもすぐにハダカヌユーになるとは思えないのだけれど、とにかく琉球にもそういう話があった。

そしてそれは、このシマに人食いウニの話が多いのと、何らかの関連性があるように思えてならない。

悪露が滴り落ちてウンになって

『粟国村の民話』（粟国村教育委員会　一九九二）には面白い話が載っている。要約すると、こんな感じになる。

昔から沖縄では、夜に洗濯物を干すことはよくないといわれていた。それは、夜空に広がる不気味な雲から悪露（アクティュ）が滴り落ち、たとえばそれが付いた下着をはいた女性が鬼子（ウニングヮ）を出産するからだという。悪露のしみ込んだ赤子は、頭の後ろにもうひとつの口を持ち、産湯を浴びせられると、そのまま鬼になってしまったのだという。そのため、鬼子が生まれると、その場ですぐに殺されてしまった。だから夜になるまで洗濯物を干してはいけないと言われた。（『粟国村の民話』四一二頁　末吉マツさんの話を参照）

悪露。夜の不気味な雲には、マジムンが宿っているのである。いわば、そのエッセンスの染み付いた雲なのだろうか。湿った下着を着ると、身体によくないということが転じて、このような話が生まれたのであろうか。あるいは沖縄の夜の雲には、実際にこのような魔力が宿っているのだろうか。

間違って産湯を浴びせられて、そのままウニになったウニングヮは、その後一体どうなってしまったのか。それが沖縄のウニの先祖なのだろうか？

石垣島の桴海《ふかい》には、こんな逸話も残っている。

昔、石垣の桴海に、ウン（ウニのこと）が住んでいた。近くの川平集落の人たちは食物を取られたり、襲われたりしていたものだから、大変困っていた。そこで集落で一番の力持ちである、ナカソコチカラという若者が桴海に行き、ウンたちが大挙している中にズケズケと入っていって、そこの岩の上に一本の鉄の棒を挿した。

「鬼どもよ、たった今、人間である私が差し込んだ鉄の棒を抜けるものがいるか？」

わらわらとウンたちがやってきて、何とか棒を抜こうとするが、なかなかできない。隙を見たナカソコチカラは、今度は別の長い竿を持ってきて岩にねじ込み、しならせてから手を放したので、その竿の反動でウンたちは血と肉片の塊と化した。

やがて、その肉片が山へ逃げて行き、人間の血を吸うヤマビル（蛭）になったといわれている。

この話の舞台である桴海には、桴海於茂登《おもと》岳という山が近くにある。第二次大戦中、石垣島守備隊が戦った所でもあるが、この山は昔の人々が建材として利用するために竹を採取しにいったという場所でもある。ここでいう竿とは、おそらく竹竿のことなのだろう。

果たしてウンが抜けないような力で人間が岩に棒をねじ込めたのかは、謎であるが、そのグチョグチョになった肉片が、今度はヤマビルに変形したというから、見事な伝承である。ただでウンは死ななかったのである。ヤマビルのお母さんは、実はウニであった。

　ヤマビルは全国の山にいて、もちろん沖縄の石垣から本島の林の中まで、いたるところに存在しているが、知らない間に長靴の中に入ったりして、人間の生き血を吸う。そのまま引っ張ってはがすと、皮膚にヤマビルの口だけが残り、そのまま血がだらだらと止まらないという最悪の結果をもたらす。もし山などでヤマビルに吸われたら、急がず慌てず、誰かタバコを吸う人を呼んできて、その火をそっと当ててやるといい。ヤマビルは丸まりながら、ぽとっと地面に落ちるだろう。

　そう、夜の奇怪な雲から悪露として滴り落ち、女性の下着に染み込んで、鬼子として生まれてきたウニは、殺されてもヤマビルに変化して人間を襲ったのだが、タバコの火が苦手であった。一回りして、結局人間にはかなわなかったのだ。ウニのウンも尽きた、と言うべきか。

サチーダウニ

　石垣島の崎枝村にも、サチーダウニ（崎枝鬼）というおぞましい話が残っている。サチーダは崎枝の方言読みである。これは細部が少し大里鬼と似ている。でも兄妹が逆転しているのが興味深い。

石垣島の崎枝村に、両親を亡くした姉と弟が暮らしていた。集落の人々は、両親を亡くした二人のことを気にかけていたが、あるとき、道で会った弟に、村人の一人が声をかけた。

「どうね？　元気やっているかー？」と村人。

「大丈夫だよ。元気でやっているよ」

「食べるものは、あるのかー？」

「あるよ。姉ちゃんがいつも新鮮な肉を持ってきてくれるから」

はて、新鮮な肉？　村人は首をひねった。というのもその当時、崎枝村では家畜や人間の行方不明事件が多発していた。そのため、家畜は数えるほどしかおらず、村人は姉がその肉をどこから持ってきたのか知りたがった。そこで弟にどこから肉を持ってくるのか、またそれが何の肉なのか、探って欲しいと、一言伝えた。

そんなある夜のこと、姉が一人で家を抜け出したので、弟はそうっと気づかれないように後を付けてみた。姉はとある家畜小屋のそばにやってくると、後ろで束ねていた髪をスルスルッと解いた。すると、そこには人間の口とは思えぬ、もう一つの口があった。姉はその口で、近くにいた家畜をバリバリと骨まで食べてしまった。

その光景を見た弟は、崎枝から離れた、石垣島北部の平久保村まで逃げていった。弟は青年になるまでその村で暮らした。恐ろしくて、家に帰れなかったからである。

やがて青年になったときに、初めて自分の生まれ故郷に帰ってみたいと思い、足の速い馬をあやつって、崎枝村まで帰ってきた。するとそこは、生々しい骸骨の散乱する、ゴーストタウンと化していた。弟は恐怖に震えながら、自分の生まれ育った家に帰ってみた。

うずたかく詰まれた骸骨の中に、もとは姉だったウニがいて、弟の姿を見つけると、この世のものではない声を張り上げながら、襲ってきた。弟はウニとなった姉から必死で逃げたが、途中で馬を食われ、命からがら桴海村の海岸までやってきた。岩穴があったのでくぐって逃げると、ウニも後を追って岩穴をくぐった。だがウニとなった姉の身体はゴツゴツしており、穴を抜け出すことが出来ず、はまってしまった。姉はしばらくそこで動けずにうめいていたが、やがてそこで死んでしまった。今でもその場所はウンヌヤー(鬼の家)と呼ばれているという。

これが概略である。そうである、気づいた方もいらっしゃるだろうが、鬼が死んだ場所は、ナカソコチカラが竿でウンを殺した、あの桴海である。

もしかしたらナカソコチカラが退治したのは、この崎枝鬼の子孫だったのではないか。実は崎枝鬼はウンヌヤーで死なず、どこかで生き残っており、それが後に増えたのではないか。そんな気もする。

また先ほどの大里鬼の伝承とは、兄と妹から、姉と弟へと逆転しているのが興味深い。この場合は、その反対のこと、つまり弟が自分の陰部を露出して、姉を崖から突き落とすなどと言うことは行わなかった。穴に閉じ込めたのである。この岩穴を女陰というものに見立てれば、ウニは女陰の中にはまって殺されたのだから、やはり女性は強し、みたいな解釈になるのかもしれない。

いや、少なくとも伝承はそんなこと言っていないが、どこぞの人類学者ならそういう意味づけをしそうである。

ムン

沖縄では妖怪のたぐいをマジムンと呼ぶ。でもこの呼び方は、妖怪とは少し違う。幽霊と妖怪の中間というか、あいまいである。このあいまいさ、ファジーな感じが、マジムンの特徴である。

マジムンの語源は、ムンである。ムンについて、マジムン編集者・新城さんは一家言あるようで、こう語る。

「〈ムン〉は、何か名付けられる前の、気配のようなもの。目には見えないが確かにそこにいる、あると感じる存在。ソコにあるモノ。名前がないものほど怖いものはないし、逆に豊穣なものはない。神でも魔でもない、分ける事の出来ない混沌。琉球を含めた広く太平洋文化圏では、そうした存在は、地底の世界にあると考えられていたみたい。例のニライカナイのように。かろうじて〈ムン〉と名付けたのだけど、それをさらにカミとか祖霊神とかキジムナーとか分化して名付ける事によって、文化の中に取り入れて、ヒトはムンの力を恐れつつ活力の源として共存してきた」

マジムンとは魔地物とか書かれている文献もあるが、あれは漢字が充てられたに過ぎない。やはり沖縄のマジムンは、実態のない、何かもやもやして、とらえどころのないものなのかもしれない。

これまで見てきたように、沖縄には無数の神様、無数のマジムンがいる。それらは日本昔話のように、過去にあったことではなく、現在もいて、未来にもまた存在するムンである。ムンはありとあらゆる場所に存在する。一世代前のエーテルのような考え方が一番ぴったり当てはまると思う。ムンはありとあらゆるところに流れていて、生命と死者をつなぎ、神々を存在させ、死者を復活させ、太陽を昇らせる。自然崇拝の沖縄が崇拝しているのは、もしかしたらこのムンかもしれない。セジ（霊力）も、もしかしたらこのムンかもしれない。ムンの宿った人、ムンの宿った刀、ムンの宿った岩。ムンは沖縄の力そのものであり、根源的な崇拝の対象なのかもしれない。

「〈ムン〉は本土の人が妖怪と言っているものの、もっと原初的なものだはず」と新城さんは言う。「ヤマトにもそもそも同じようにあったはずで、今はそれはだいぶ失われてしまって、痕跡を探すのはとっても難しい。でも沖縄にはまだそうした気配の痕跡を感じ取れる、普通の生活の中にある。それを再びマジムンの世界として、いやもっと根の底へ遡り、ただ〈ムン〉と呼ばれるだけの混沌になったら……」

沖縄病という言葉がある。沖縄に取りつかれて、もはやどうしようもなくなった、ナイチャーのことをそう呼ぶ。沖縄病にもいろいろある。気候や風土、海や自然に惹かれたもの、人に惹かれたもの、遅い時間の歩みに惹かれたものなど、さまざまであるが、もしかしたらこれもムンなのかもしれない。

ムンは姿を変えて、形を変えて、沖縄の中に充満している。それが表面的に妖怪であったり、心霊であったり、パワースポットであったり、その場にいるだけで心が安らぐ感覚だったり、さまざまな切り口で現実世界に姿を現してくる。ムンはもともと人々を最終的に恐れさせ、崇拝させる存在であった。沖縄病にとりつかれ＋たナイチャーたちは、好き嫌いはあるだろうが、結局沖縄には、本土とは異質な、何かがあることを悟るのである。

それは言葉で言い表せない。

かろうじて、一言で表そうとすれば、それはムンである。

願わくば、この島のムンが未来永劫、枯れることがありませんように。

（完）

小原猛（こはら・たけし）

1968年京都生まれ。作家。フィールドワークはマジムンとウタキと怪談。『琉球怪談』『七つ橋を渡って』（ボーダーインク）。『沖縄の怖い話』(TOブックス)、『琉球妖怪大図鑑(上下)』（琉球新報社）など著書多数。

ボーダー新書 014
琉球怪談作家、
マジムン・パラダイスを行く

2016年8月1日　初版第一刷

編著者　小原　猛
発行者　宮城　正勝
発行所　（有）ボーダーインク
〒902-0076 沖縄県那覇市与儀 226-3
tel098-835-2777　fax098-835-2840
印　刷　株式会社　近代美術

ISBN978-4-89982-303-2 C0295